MONIKA SEYHAN

Geschichten

für die dunkle

Jahreszeit

FSC
www.fsc.org
MIX
Papier aus ver-
antwortungsvollen
Quellen
Paper from
responsible sources
FSC® C105338

Herstellung und Verlag:
BoD - Books on Demand, Norderstedt
ISBN: 978-3-7583-0044-8

KERZEN

Ist hier noch Platz?

Ich zünde Kerzen

In die Ecken und in deinen Augen

Weite Herzen stecken an

Sind irgendwo noch Stellen aufzuhellen?

Durch blaues Licht fällt Schnee auf eine Schicht

Ein Warten ist es nicht

Vielmehr Bereitschaft

Oder Zuversicht

Peter M. Röhm

EMANZIPATION

Lorenz Schmitz ist ein stolzer Name. Wer heißt schon so?Gut,in Köln gehört der Name Schmitz zum Hochadel, doch Lorenz?

Dass Frau Schmitz auf die Idee kam, ihren Sohn Lorenz zu nennen, wo sie selbst auf den Namen Ännchen hört und ihr Mann kein Lorenz Senior ist, verwundert schon. Niemand fragt nach, hebt höchstens ein wenig die Augenbraue, wenn der Name Lorenz fällt. Erst als aus Lorenz ein Lori wird, ist es besser. Lori ist klein und kompakt, der stämmige Körper ruht auf zu kurzgeratenen Beinen und auch der Hals ist zu kurz für den mächtigen Kopf. Sein Lächeln, das fast von einem Ohr bis zum anderen reicht und mehr ein Grinsen ist, macht aus ihm den äußerst sympathischen Jungen, dessen Schüchternheit im Allgemeinen die Herzen der Damen aus der Nachbarschaft in Entzückung geraten lässt. > Ach wie niedlich, der kleine Kerl aus dem Erdgeschoss<, ist dann

zu hören. Und es ist nicht sicher, wie Lori das sieht.

Lori wohnt im gleichen Haus wie Hilde. Ihre Wohnungen liegen sich im Erdgeschoss gegenüber, also vis-a-vis. Sechs Familien wohnen in den Etagen darüber.Schönes dunkles Holz der breiten Treppenstufen und verhaltenes Licht aus einfachen Glühbirnen wirken majestätisch und auch ein wenig unheimlich. Es ist immer leicht dämmrig im gesamten Treppenhaus, der perfekte Schutz für die Kinder, die möglichst leise und unauffällig mit klopfendem Herzen die Stufen hinaufeilen und keinem Hausbewohner begegnen wollen. Den Jubel noch unterdrückend und mit einem herrlichen Lustgefühl,rutschen sie auf dem blank geputzten Handlauf bis zur eigenen Wohnungstür hinunter. Hier erst lassen sie dem Jubelschrei freien Lauf, hier ist ihr Terrain, wo niemand etwas zu sagen hat.

Sie sind gute Freunde, Lori und Hilde. Sechs Jahre alt sind sie und warten auf den baldigen Eintritt ins erste Schuljahr. Dass Hilde einen Kopf größer, schlanker und beweglicher als Lorie ist, fällt nur den Erwachsenen auf. Wissend tauschen sie sich untereinander aus, >das gibt sich noch irgendwann, spätestens in der Pubertät macht Lori einen Schuss und wird ein strammer Lorenz.< Was immer das zu bedeuten hat. Den Kindern ist es egal.

Was Hilde nicht so egal ist, ist das Spiel mit der elektrischen Eisenbahn. Das Geschenk, das vor einigen Jahren unter Lori's Weihnachtsbaum gelegen hatte, findet ihre größte Bewunderung. Eine elektrische Eisenbahn, deren Schienennetze zu jedem Geburts- oder Namenstag, zu Ostern oder auch außerhalb der Reihe vergrößert wurden. Zubehör wie Halteschilder, Wartehäuschen, kleine Häuschen mit roten Dächern, Bäume, Zäune, Figuren, Ampeln, Trillerpfeife und Schaffnertasche sind Lori's ganze Stolz .

Lori ist der Besitzer und er hat das Sagen. Er bestimmt, wohin die Reise geht, wer ein- und aussteigt; die Trillerpfeife betätigt er allein und sogar einen Unfall verursacht er selbst. Der halbe Wohnraum ist mit der Anlage ausgefüllt und wandert turnusgemäß am Wochenende zwischen den Wohnungen hin und her. Die Kinder sind beschäftigt, es dauert seine Zeit, bis alles so aufgestellt ist, wie Lori es für richtig hält. Hilde ist der Handlanger, sie reicht Schienen an, stellt die Häuschen zu einem Dorf zusammen und darf nach getaner Arbeit, mit ihrer Puppe auf dem Schoß, am Rande der Schienen sitzen und den vorbeifahrenden Zügen winken. Lori hat das Kommando, mit hochrotem Kopf verfolgt er was auf den Schienen passiert, rangiert die Waggons, hebt

Verunglückte wieder auf das Gleis und beobachtet, dass der Lokführer die Verkehrsregeln beachtet. Er bedient die Trillerpfeife und ahmt die Geräusche der Dampflok mit aufgeblasenen Backen und pustenden Geräuschen nach.

Hilde sitzt brav mit Puppe Peter und betrachtet erst aufmerksam, dann immer müder werdend, das Geschehen. Es ist ihr langweilig und schmeichelnde Worte mit der Bitte, die Plätze doch einmal zu tauschen, werden mit großer Entrüstung abgewiesen. Mädchen als Lokführer, wo gibt es denn so etwas. An jedem Wochenende schöpft Hilde neue Hoffnung, doch vergeblich.

Die Adventszeit verändert alles. Am Samstag vor dem ersten Adventssonntag werden die ersten Weihnachtsplätzchen gebacken. Hildes Mutter bereitet den Teig zu, legt die Backförmchen darauf, rührt die Schokoladenglasur und verzaubert die Küche in ein Paradies mit Leckereien und Gerüchen. Vanillekipferl, Spritzgebäck, Zitronenguss und Schokostreusel locken Lori wie einen schleichenden, hungrigen Löwen in die Küche. Seine Augen glänzen und die Finger in all die Leckereien zu stecken, ist die größte Versuchung.

Die Eisenbahn ist schon aufgebaut und Hilde wird ungeduldig. Sie weiß, was heute passiert. Jedes Jahr das Gleiche.

> Komm Lori, lass uns anfangen<, ihre bittende Stimme scheint Lori nicht zu hören.

>Komm Lori, worauf wartest du?< Hilde drängt, freut sich und ist bald am Ziel. Die Mutter lächelt und seufzt gleichzeitig:>Eigentlich bräuchte ich eine Hilfe, aber schade, Hilde spielt viel lieber mit Lori.< Sie steckt ein etwas missglücktes Sternchen aus Teig in den Mund und macht den Backofen an. Lori verlässt langsam die Küche, sieht Hilde mit der Puppe auf dem Boden sitzen. Die startbereite Eisenbahn lockt heute gar nicht. Dem Duft aus der Küche kann er nicht widerstehen und der Blick dort hinein lässt ihm keine andere Wahl. >Hilde kannst du mich heute vertreten, ich muss deiner Mutter in der Küche helfen. Plätzchen zu backen ist sehr anstrengend, aber für mich kein Problem, ich mache das wirklich gerne.< Geschafft, es ist so weit und Hilde unterdrückt die aufkommende Freude, schaut Lorenz mit verständiger Miene an.

Mit >Ich verstehe, geh nur<, wird sie in den nächsten Stunden endlich die Leidenschaft für die Eisenbahn ausleben können. Jetzt ist sie der Lokführer, der Weichensteller, der Fahrkartenkontrolleur und Herrscher über die Welt der fahrenden Züge. Sie liebt das Geräusch der kleinen Räder, wenn sie über die Schienen sausen. Sie lässt zwei Waggons aneinandergeraten und behebt den Unfall. Sie fährt schnell und langsam, pfeift an den Haltestellen und stellt die Fahrscheine aus. Hilde ist in ihrem Element, was Lori kann, kann sie schon längst. Und Lori?

Der hockt in der Küche, trägt ein kariertes Küchentuch als Schürze, dreht den Teig durch den Wolf und sticht Herzen und Sterne aus dem ausgerollten Teig. Seine Wangen glühen, der Mund ist verschmiert vom Probieren des Zuckergusses und der Schokoladenstreusel. Er füllt die fertigen Plätzchen in die Blechdose und beobachtet den Teig im Backofen. Lori hat genug zu tun und schafft alles mit einem höchst vergnüglichen Lächeln.

Jüpp

Und dann ist da noch der andere Bruder, der kleine dickliche, ein wenig tollpatschige, mit einem runden Kopf auf einem zu kurzen Hals. Mit spärlichen Haaren, immer roten Wangen und der Nase wie eine Kartoffel. Die Hände sind kurz, die Finger wie kleine Würstchen und seine Stimme wie die eines Brummbären. Das ist Josef, genannt Jüpp. Jüpp ist anders, er versteht vieles nicht, er ist einer, zu dem man sagt: „Armer Kerl, schade, ist etwas zurückgeblieben." Den jüngeren Bruder mögen die Geschwister und kümmern sich auch um ihn. Sie besuchen ihn regelmäßig und sind erstaunt, dass er trotz des Defizits in der Lage ist, ein selbstständiges Leben zu führen; Jüpp fällt niemandem zur Last und ist stets gut gelaunt. Dieser Umstand macht es der Familie leicht, mit der Behinderung des Bruders fertig zu werden. Die Hauptsache ist, dass Jüpp ruhig bleibt und keine Ansprüche stellt. So wie er ist, so gehört er dazu. Tag für Tag ist er an der frischen Luft, das ist gut für seine Gesundheit, krank war er noch nie. Er arbeitet auf dem Friedhof, hilft den Gärtnern, die Gräber der Toten zu richten. Genau der richtige Job für ihn, die Toten wird er nicht erschrecken können.

Pünktlich um zehn Uhr morgens verlässt er sein Zuhause und macht sich auf den Weg zum Friedhof. Dass seine Arbeit eigentlich um zehn Uhr schon beginnt, versteht er nicht. „Ab zehn Uhr werde ich bezahlt, also gehe ich pünktlich um zehn Uhr aus dem Haus", so seine Erklärung, die mit einem Lächeln toleriert wird.

Einmal im Monat treffen sich die fünf Geschwister im Elternhaus. Es ist zur Tradition geworden, an diesem Nachmittag gemeinsam miteinander zu singen. Die Musikalität scheint ein Erbe der Eltern zu sein, denn die Stimmen hören sich geübt an, sind gleichermaßen rein und klar.

Ein mehrstimmiger Satz klingt ohne Weiteres harmonisch und in der Weihnachtszeit geradezu himmlisch. Jüpp, natürlich mit der Bassstimme wundert sich, dass er und Mariechens glockenheller Sopran sowie Willis strahlender Tenor von Loni, der die vollkommene Harmonie wichtig ist, gebremst wird. Das Herz ist bei jedem Lied dabei und die mittlerweile angeheiratete Verwandtschaft sichtlich berührt. Mit leisem Summen und anerkennenden Blicken sitzen sie dabei und staunen. Auch den Kindern gefallen diese Nachmittage. Ob es an der Musik oder an der warmherzigen Gesellschaft liegt, sei dahingestellt. Vor den Füßen der Eltern sitzen sie auf dem Fußboden, bereitwillig, die Melodien und Texte zu lernen. Dass sie zwischendurch kichernd die Hände vor den Mund oder die Finger in den Ohren halten, wird ihrem jungen Alter zugeschrieben. Anna sitzt in respektvoller Entfernung zu Jüpp. Sie hat den Onkel und ihren Vater genau im Blick und kann, wie so oft, nicht glauben, dass die beiden Brüder sind. Zu unterschiedlich sehen sie aus. Da ist der Vater, mit dem sie Spaß hat, mit dem sie lachen und singen kann, in dessen Nähe sie sich glücklich und geborgen fühlt. Der ihr keine Angst einflößt und sie nie enttäuscht hat. Und daneben Jüpp. Dieser Mensch, den sie einfach nicht mag. Der ihr, trotz des rosigen Gesichts, dunkel und böse vorkommt. Dessen polternde Stimme ihren Ohren wehtut und dem sie ihre Hand zur Begrüßung verweigert. Das breite Lächeln, die übergroßen Zähne im Mund unter der Kartoffelnase würden ebenso gut zum bösen Wolf bei Rotkäppchen passen. Und ausgerechnet dieser Mann, Jüpp, ist ihr Patenonkel. Bestimmt eine Idee der frommen und sozial veranlagten Mutter.

Und jetzt hat Anna ihn am Hals. Sie muss sein Lächeln und den Stolz in seiner Stimme ertragen, wenn er versucht, ihre Haare zu tätscheln und dabei brummt: „Das ist mein

Patenkind Anna." Zum Glück beschränken sich die Treffen mit Jüpp, bis auf die sangesfreudigen Nachmittage, nur auf Weihnachten. Dann will er weg von den Toten und unter den Lebenden sein. Dann wünscht er sich den Besuch bei seinem Patenkind. Die Mutter schaut ungläubig, als sie auf Annas Wunschzettel liest: Weihnachten ohne Jüpp!

Für die Eltern ist es selbstverständlich, dass der einsame Jüpp den Heiligen Abend bei ihnen verbringt. Nicht so für Anna! Der schönste Tag im Jahr mit einem brummenden Onkel, niemals. Jedes Jahr der gleiche Kampf. Weder der mit Kerzen, roten Kugeln und silbernem Lametta geschmückte Tannenbaum, noch der Weihnachtsduft von Marzipan, Lebkuchen und Hyazinthen oder die Geschenke würden das Dilemma dieses Besuches verdrängen können. Der Gedanke an die Anwesenheit des Onkels schmerzt tatsächlich. Die um Verständnis flehenden Blicke zum Vater schaffen es schließlich, den Besuch vom Heiligen Abend auf den ersten Feiertag, ab dem Mittagessen zu verschieben. Die Mutter schüttelt den Kopf. „Das ist nicht der Sinn des Weihnachtsfestes, das ist nicht christlich. Dem Kind in der Krippe würden diese Gedanken nicht gefallen." Anna überschlägt ab sofort in der Geschichte der

Heiligen Nacht die Stelle „… und sie fanden keinen Platz in der Herberge."

Der Heilige Abend behält seinen Zauber. Wie es sein soll, geht sie in dunkler Nacht, an der Seite der Eltern, auf schneebedeckter Straße zur Christmette in die Kirche. Das Wunder ist geschehen, alles hat sich verändert. Aus dem dunklen Kirchenschiff ist ein Ort der Wärme und des Lichts geworden. Das Lied der Orgel ist ungewöhnlich sanft, die Feierlichkeit in den Gesichtern und den Kleidern der Menschen berührt Anna sehr. Maria und Josef, das Kind in der Krippe, Hirten und Engel, die Besonderheit des Geschehens auf diese grandiose Weise dargestellt ist einfach das Schönste. Mit lauter Stimme fällt es ihr leicht, die bekannten Lieder mitzusingen, mit lautem Jubel „O du fröhliche …" und „Stille Nacht …" mit Inbrunst. Auf dem Nachhauseweg geht es weiter im weihnachtlichen Rausch. Annas Herz schlägt heftig, jetzt kommen die spannenden Augenblicke, wie sieht der geschmückte Baum aus und welche Geschenke liegen darunter? Die Wunderkerzen mag sie besonders, und dass sie Hand in Hand mit den Eltern ein Lied singt, ist fast das Wichtigste. Am ersten Weihnachtstag hantiert die Mutter in der Küche. Der Vater sitzt auf dem Sofa und sucht im Radio nach „Jauchzet, frohlocket." Noch spürt Anna die Freude des vergangenen Tages, doch setzt sich der Gedanke an den bevorstehenden Besuch wie ein Stein auf ihre Brust.

Jüpp kommt wie gewohnt zu spät; die Person, auf die Anna gerne verzichtet hätte, ist feierlich gekleidet. Jüpp im Anzug, weißem Hemd und Krawatte. Das Poltern der Schritte und Brummen der Stimme haben sich der Feierlichkeit allerdings nicht angepasst. Sein „Frohe Weihnachten" klingt wie „Tief vom Walde komm ich her." Dann seine Wurstfinger auf Annas Haar, ein unbeholfenes Streicheln, eine Tafel Schokolade und 20 Mark, für die sich die Eltern mit freudigen Blicken bedanken. Das Mittagessen schmeckt Jüpp. Mit vollem Mund, schmatzenden Geräuschen, doch strahlenden Augen stopft er so viel Festtagsbraten in sich hinein, wie er kann, gegen alle guten Tischmanieren. Dass dies an Weihnachten gestattet ist, bemerkt Anna an dem großzügigen Lächeln der Mutter.

Anna schaut sich die Gesichter genau an, doch Freude über das ungewohnte Verhalten empfindet sie nicht. Erst als Jüpp endlich auf dem Sofa liegt und schnarcht, fühlt sie sich befreit. Die Beharrlichkeit und Gelassenheit der Eltern, die liebevolle Zuwendung und das Verständnis für den Onkel, gerade an diesem Tag, will sie nicht verstehen. Der Vater hatte den Bruder herzlich begrüßt, ihn sogar in den Arm genommen. Die Mutter übersah die Tischmanieren und erfreute sich an seinem Appetit. Am Abend begleiten sie Jüpp zur Straßenbahn. Die Eltern haben ihn in ihre Mitte genommen und Anna trottet hinterher. Sie hat keinen Blick mehr für die Fenster in den Straßen, in die sie sonst an Weihnachten so gerne hineingeschaut hat. Die Eltern freuen sich, dass Jüpp sich so wohlgefühlt hat und sie einen Menschen glücklich gemacht haben.

Am Abend reden die Eltern viel miteinander und sind fröhlich, was Anna nicht oft erlebt. Sie nimmt sich vor, im nächsten Jahr genauer hinzuschauen, vielleicht kommt sie ja hinter das Geheimnis. Mit den Augen eines Kindes gesehen und mit dem Herzen eines Kindes gefühlt, entsteht der Hauch einer Ahnung, dass zu Weihnachten viel mehr gehört.

Das Gesicht von Weihnachten ändert sich im Lauf der Jahre, Lametta und Kerzen werden ausgetauscht durch Lichterkette und Strohsterne. Die Mitternachtsmesse ist auf den Nachmittag verlegt und die Geschenke sind, dem Alter entsprechend, praktisch und nützlich.

Die Interessen Annas haben ein breiteres Spektrum bekommen. Was bleibt, ist der Besuch von Jüpp. Die Angst ist weniger geworden, doch weder ein Glücksgefühl oder gar Gleichgültigkeit stellen sich ein.

Am ersten Weihnachtstag betrachtet sie das Gesicht des Onkels genauer. Hin und wieder begegnet sie seinen Blicken; Jupp zwinkert ihr zu und lächelt verschmitzt. Anna ist verunsichert und versucht, der Situation auszuweichen. Vielleicht ist er gar nicht so schlimm?

Alles fließt und ändert sich; in den nächsten Jahren lässt die Regelmäßigkeit der weihnachtlichen Besuche nach. Anna ist nicht mehr das Kind und Jüpp nicht mehr so gesund.

Mittlerweile feiert sie das Fest mit der eigenen Familie. Sie versucht, den Glanz der früheren Jahre aufrecht zu erhalten und erzählt gerne von den Traditionen, als ihre Eltern noch lebten und von der Angst vor dem dunklen Onkel. Der Glorienschein leuchtet über den Erinnerungen und lässt zu, dass man über die Vergangenheit lächeln kann. Weihnachten liebt sie immer noch, das Leuchten, den Jubel und die Botschaft? Dass Weihnachten ohne Jüpp möglich gewesen wäre, war nur ein dummer Wunsch und kindlicher Gedanke. Annas Mann stammt nicht aus Deutschland, er muss für sechs Monate in seinem Geburtsland den

Militärdienst ableisten. Die Trennung fällt den beiden sehr schwer, sie schreiben sich täglich, vermissen sich. An einem solchen Tag, wieder einmal mit großer Sehnsucht im Herzen, erreicht Anna die Nachricht, dass Jüpp gestorben ist. Als letzter in der großen Geschwisterschar. Eine Erbschaft, die Summe von 600 D-Mark hat er Anna hinterlassen; 600 Mark für sein Patenkind und die Erinnerung an schöne Weihnachtstage.

600 Mark, so unverhofft, was soll sie damit machen? Sie meldet ein Telefongespräch an, will ihren Mann überraschen, mit ihm ihre Freude teilen.

Aufgeregt hört sie endlich seine Stimme. Die Überraschung ist gelungen, endlich können sie miteinander reden. Anna will alles sagen, schafft aber nur die Erklärung, dass die 600 DM das Erbe von Jüpp sind. Dann sind es nur noch Tränen und wenige wichtige Worte. 600 DM verschwendet zu einer glücklichen Stunde.

DER KOMMUNIST

Der Mann ist sehr groß und schlank, eigentlich mager, so mager, dass die Wangenknochen hervortreten und die dunklen Augen tief eingebettet liegen. Die Nase ist schmal und gerade, die Lippen sind wie gemalt, nicht verbittert oder streng, eher warm und zärtlich, allerdings erst auf den zweiten Blick erkennbar.

Er trägt einen braunen Trenchcoat, einen Zweireiher, den Kragen hochgeschlagen, den Gürtel auf dem Rücken geschnallt und einen Hut, tief über den tiefliegenden Augen. Fast wie Humphrey Bogart in „Casablanca.“

Beim Anzünden der Zigarette im Licht der Streichholzflamme zeigen sich braune Hände und braune Finger; Reval rauchen färbt die Finger , sozusagen das Markenzeichen der Zigarette. Die Bewegungen des Mannes sind langsam, sehr langsam. Er bewegt sich, als wäre er stets auf der Hut, ein einsamer Wolf. Er wird etwa 50 Jahre alt sein und sieht aus wie die meisten Männer dieser Zeit. Durch das Erlebte in ihrer Vergangenheit wirken sie alterslos.

Wer ein Kommunist ist, weiß nur derjenige, der die letzten Jahre als ein „Politischer" im Knast verbracht hat und darüber nicht spricht. Schachspielen hat er da gelernt. Hans beherrscht das Spiel, das Brett und die Figuren hütet er sorgfältig in einem Pappkarton, den er unter den einzigen Sessel in seiner Wohnung, leicht versteckt, geschoben hat. Die Wohnung ist mit zwei Zimmern größer als die Zelle im Gefängnis. Ehemalige Lagerräume, die man zu Baracken umfunktioniert hat, sind sein Zuhause. Viel Wellblech und niedrige Decken. Hans bewohnt beide Zimmer mit einer eigenen Toilette und einem Waschbecken im Flur. Es gibt kein oben drüber, die Nachbarn leben in ähnlichen Verhältnissen. Sie bleiben unter sich, sind nicht redselig und sehen Hans nur, wenn er zur Arbeit geht und von dort zurückkommt.

Hans hat eine gute Arbeit. Einen Beruf hat er nicht erlernt; wann denn auch? Erst Arbeitsdienst, dann Krieg, dann Knast. Sein Arbeitsplatz gefällt ihm. Er ist „Ausbesserer",das heißt, dass er die Mängel, die bei den Renovierungsarbeiten in den Innenräumen von neuen Wohnungen entstanden sind, ausbessert. Dafür hat er einen guten Blick und vor allen Dingen Geduld. Die Malerfirma lässt ihm die Zeit, die er benötigt.

Hans arbeitet allein. Wenn alle Handwerker fertig sind und die Wohnungen verlassen haben, macht er sich ans Werk. Oft sind Tapetenstreifen übrig. Die schönsten nimmt er mit nach Hause und tapeziert damit seine Räume. Es ist ihm gleich, ob die Tapeten zusammenpassen, er nimmt sie so, wie sie ihm gefallen. Geblümt neben gestreift, große Muster neben Küchenmotiven, Brokat neben Ornamenten. Hin und wieder tauscht er eine Rolle aus und erhält so die Veränderung, die ihn glücklich macht. Hans wohnt in Ehrenfeld, einem Stadtteil von Köln.

An der Ecke bei Strohhut, dem besten Eisladen in diesem Viertel, sind sie sich zum ersten Mal begegnet, Hans und Mariechen! Der Sommer ist schon fast vorbei, an diesem Tag ziehen Regenwolken auf. Hans trägt schon den Trenchcoat und den Hut. Maria hat eine leichte Strickjacke um die Schulter gelegt. Es ist schwierig für sie, mit dem Eis in der Hand die Jacke fest zu halten und gleichzeitig die Geldbörse aus der Umhängetasche zu kramen. So dauert es nicht lange, bis das Erdbeer- und Schokoladeneis mitsamt der Sahne auf Mariechens Sandalen landet, genau vor der Eisbude von Strohhut. Hans hat es kommen sehen, seine Hilfe fast zu spät, als ihn der Blick aus diesen blauen Augen mitten ins Herz trifft.

Er kauft ein neues Eis und führt die junge Frau zu einem Platz auf der nächsten Bank. Wie soll er nur umgehen mit dieser kessen, unaufhörlich mit heller Stimme sprechenden Person?

Dieses Mädchen fällt wie ein Sonnenstrahl auf ihn und da der Himmel wolkenverhangen ist, berührt ihn dieses Ereignis umso mehr.

Gern nimmt sie seine Hilfe an und beruhigt sich allmählich an seiner Seite. Das Eis schleckt sie mit kurzen, genüsslichen Lauten und streicht ihm dankbar über den Ärmel, was ein fast vergessenes Gefühl in ihm weckt. Ein unerwartetes Gefühl, das er zu vergessen geglaubt hatte.

Sie dreht sich ein wenig, tippt an seinen Hut >Ich kann Sie ja kaum sehen, wenn ich mich Ihnen vorstelle. Ich heiße Maria, werde aber Mariechen genannt.< > Hallo, Mariechen<, es ist das erste Mal seit langer Zeit, dass er den Namen einer Frau ausgesprochen hat. > Ich heiße Hans.< Mariechen redet, teilt ihm mit, dass sie das jüngste Mitglied einer großen Familie ist. Ihre vier Schwestern wären alle verheiratet und lebten mit ihren Familien gleich in der Nähe. Dann gäbe es noch zwei Brüder und den Vater, der, sehr gebildet, als Sekretär bei der Eisenbahn beschäftigt ist. Die Mutter ist verstorben und der Bruder Josef, der Arme, ein wenig zurückgeblieben. Der Lieblingsbruder Willi sei ein Hans Dampf in allen Gassen, der alle zum Lachen bringen könne. In der Familie würden sie zusammenhalten und jeden Sonntag ein Hauskonzert veranstalten. Ihr Liedschatz sei unendlich groß, so dass sie jederzeit und besonders ,wenn sie allein wäre, immer ein Lied auf den Lippen habe. Treuherzig erzählt sie aus ihrem Leben, Hans kann nicht genug davon hören und unterbricht sie nie. Erst als die Regenwolken dichter werden, beendet Mariechen spontan das Gespräch, zieht die Strickjacke über den Kopf und macht sich auf den Weg. Hans schafft es gerade noch, ihr hinterher zu rufen >Ich wohne hier hinter der Eisenbahnbrücke, Baracke Nummer drei!<

Es ist nicht weit zu seinem Haus, von dem er hinaus in den Regen schaut. Ein Wolkenbruch, der alles grau und düster erscheinen lässt, vertreibt sein Lächeln nicht. Ein Lächeln, das ein dunkles Gesicht erhellt, weil es sich an einen Sonnenstrahl erinnert. Einige Tage später klopft es in Baracke Nr 3. an der Tür. Hans hat gehofft, dass es so kommen würde und öffnet mit großer Freude.

>Komm herein Mariechen<, Mariechen steht da, schiebt ihn zur Seite und betritt die

sonderbaren Räume. Als erstes nimmt sie die wunderlich tapezierten Wände wahr und ist entzückt. >Jede Tapete hat eine eigene Geschichte. Da, die hellblauen oder rosafarbenen sind Tapeten für ein Kinderzimmer. Sicher wohnen darin blond gelockte Mädchen und freche kleine Jungen<. Mariechens Gesicht ist die Verzauberung anzusehen, sie geht weiter; die gestreiften ordnet sie einem Herrenzimmer zu und die mit den Kannen gehören in eine Küche. Die edlen Tapeten, die mit Brokat oder großen Blumen und Mustern, gehören unbedingt zu einem Wohnzimmer. >Und du Hans, besitzt alles in einem Raum, du bist ein reicher Mann.< Sie dreht und wendet sich. Hans, an seinen ganzen Stolz, die Musikanlage gelehnt, betrachtet die junge Frau, die mit rotglänzenden Wangen einen Arm auf den kleinen gewölbten Bauch legt und mit dem anderen ihr Kinn stützt. Aufmerksam betrachtet sie den einzigen verblichenen Sessel, unter dem das Schachbrett hervorlugt. Daneben den kleinen antiken Tisch, dem Platz für den fast schon gefüllten Aschenbecher und einigen Packungen Reval. Ein paar Rätselhefte, ein Schreibblock und Stifte liegen darauf. Das blau gestrichene Regal ist beladen mit Büchern, nebeneinander und übereinander gestapelt. Vor den Tapeten mit den Küchenmustern steht der Küchentisch auf weißen Beinen und mit einer Schublade. Warum Hans vier Stühle besitzt, verwundert sie. In der Zimmerecke steht ein schwarzes Ungetüm, der Ofen. Ordentlich gestapelte, breite Holzstücke warten darauf, verheizt zu werden. Neben der Spüle ein Küchenschrank und die Zutaten zum Kaffeekochen auf der Anrichte. Es ist, als ob Mariechen erst jetzt ihren neuen Freund Hans wahrnimmt. Mit einem kleinen Freudenschrei zeigt sie auf die Musikanlage, erkennt das Radio und den Plattenspieler, alles in diesem wunderschönen Möbelstück vereint. Lautsprecher hinter einer mit Stoff umspannten runden Öffnung und elfenbeinfarbige Tasten zum Suchen der Sender. > Wie schön Hans, lass uns tanzen, Hans bitte suche Tanzmusik.<

Zu viel des Guten, tanzen, wie sollte das möglich sein? Hans verdeckt mit einer schnellen Bewegung die Anlage, drückt auf die Tasten, lässt die Zeiger über die Sender gleiten, ein Gewirr aus Stimmen und Musik rasen vorbei, bevor er das Radio ausschaltet. > Keine Tanzmusik um diese Zeit.< Treuherzig schaut sie ihn an, > Na gut, dann trinken wir einen Kaffee<, den Blick auf die Kanne, und die Tassen gerichtet. Mariechen liebt es, Kaffee zu trinken, zu jeder Zeit braucht sie diese Augenblicke des Innehalten und der Muße.

Fast schweigend trinken sie den Kaffee, mit einem Blick, der in den Gesichter sucht, was sie noch wissen wollen. Es ist schon spät, als Mariechen sich verabschiedet. > Ich komme wieder.<

Es dauert keine Woche, bis sie mit einer Schallplatte unter dem Arm an die Tür klopft.

>Tanzmusik<, ganz selbstverständlich führt sie die gelben Hände zum Auflegen der Nadel, nimmt den erstaunten Mann in die Arme und bewegt sich langsam, zusammen mit ihm. >Ich tanze mit dir in den Himmel hinein, in den siebenten Himmel der Liebe.< Er lässt sich führen, immer weiter mit dem Wunsch, die Umarmung fester werden zu lassen. Sie gibt nach, schmiegt sich an ihn, er küsst sie warm und fest mit der Sehnsucht nach mehr. Mariechen streicht über seine Wangen, erwidert mit zärtlichen Lippen den Kuss. > Jetzt bist du kein einsamer Wolf mehr, jetzt hast du ja mich.< Das Glück hat Einzug gehalten in Baracke Nr. 3. Mariechen kommt täglich, sie trinken gemeinsam Kaffee, umarmen sich und reden miteinander. > Erzähle mir mehr von deiner Familie, deine Stimme bekommt so einen schönen Klang, wenn du von ihnen sprichst.<

Hans möchte alles hören über die Schwestern, den Vater und Joseph, den Bruder, der etwas langsamer und nicht so klug wie die anderen ist. Die Schwestern, deren Männer und die Nichten und Neffen in reichlicher Zahl. >Sie nennen mich nicht nur Mariechen, für sie bin ich auch Mäuschen oder Tante Mäuschen, weil ich so zwei vorstehende Zähne habe. Ist dir sicher schon aufgefallen.< Sie kichert verschämt und wird rot. > Für mich wirst du eine Maria sein, bei mir bist du kein kleines Mäuschen und auch kein Mariechen.<

Dass Hans ein wunderbarer Zuhörer ist, gefällt ihr, doch sehr gerne hätte Mariechen gewusst, was sich in seinem Leben zugetragen hat. Dabei bleibt es bis zu dem Tag, als Mariechen den Wunsch hat, Hans mit zu ihrer Familie zu nehmen. Alle wollen ihn kennenlernen, ihren Liebsten, den Mann, der ihr so viel bedeutet. Neugierig sind sie bei ihr zu Hause. Die schöne Stunde, neben ihm zu liegen, auf die unterschiedlichen Tapetenstreifen zu blicken und ein Gefühl der absoluten Geborgenheit zu genießen, wird durch diese Frage empfindlich gestört. Hans schaut zur Decke, an Mariechens angespanntem Körper merkt er, dass er an einer Antwort nicht vorbeikommen wird. > Ich glaube, sie wird mich nicht mögen, deine Familie. Ich bin Kommunist, überzeugter

Kommunist; zu Hitlers Zeiten habe ich deswegen im Gefängnis gesessen, obwohl ich nichts mit dem Brand am Reichstagsgebäude zu tun hatte. Bis heute ist die Kommunistische Partei verboten und die Leute möchten nichts von uns wissen. > Was genau ist ein Kommunist ?Woran glaubst du ?< >Ich glaube an nichts und wünsche für die Zukunft Gleichheit und Freiheit für alle Menschen; nur eine gottlose Gesellschaft kann das möglich machen, weil die Religion zu viele Machtansprüche erhebt. <

>Ich glaube an Gott und an die Liebe und meine Wünsche für die Zukunft gleichen den deinen. Vielleicht ist es dir möglich, ein bisschen an die Liebe zu glauben.< Hans dreht sich zu Mariechen, nimmt sie fest in den Arm, schaut in ihr Gesicht und flüstert: >Mit dir, scheint mir, kommt der Glaube daran zurück.< Hans hat Recht behalten. Als Mariechen der gesamten Familie kundtut, dass ihr Freund ein Kommunist ist, schlagen sie die Hände über den Köpfen zusammen und rufen, > das hat uns noch gefehlt.< Es nutzt nichts, dass Mariechen alle Vorteile aufzählt, sie bleiben skeptisch und haben keine Lust, Hans, den Kommunisten, kennenzulernen.

Einzig allein die bittenden Augen der kleinen Schwester rühren den größeren Bruder Willi. Er ist bereit zu einem Besuch in der Baracke. Willi hat als Soldat den Krieg erlebt. In Russland hat man ihm ins Bein geschossen, seitdem ist es ihm nur mit Hilfe einer Stütze, einer Krücke aus Holz, möglich, zu gehen. Über seine Kriegserlebnisse redet er nie, ist aber, im Gegensatz zu Hans kein einsamer Wolf, sondern ein lebenslustiger Draufgänger, der viel nachzuholen hat. Mariechen liebt ihn sehr. An dem Sonntagnachmittag, als er an die Barackentür klopft, öffnet sie mit den Worten >Herzlich willkommen Willi, überall, wo mein Bruder erscheint, geht die Sonne auf.< Die Männer begrüßen sich auf Augenhöhe; herzlich! Willis Blicke durch den Raum bringen ihn zum Lachen, alles ist so, wie Mariechen es erzählt hatte. > Lasst uns Kaffee trinken<, schon ist sie dabei, einen Platz auf dem Tisch zu suchen. Mariechen rückt einiges hin und her, eine Hausfrau ist sie einfach nicht, ihre Ordnung ist nicht die übliche.

Sie lebt für den Augenblick und das ist in den Räumen zu sehen. Auf dem Tisch stehen leere Gläser, verdurstende Blumen in einer Vase, liegen Zeitschriften, Kartoffeln, Kuchen und Wolle. Eben all die Dinge, die sie gerade benutzt hat. Hans lässt sie gewähren, es ist ihm nicht wichtig. Während sie Kaffee trinken und Willi in das glückliche Gesicht der Schwester, das den schwermütigen Blick von Hans aufheitern lässt, sieht, weiß er, dass es unmöglich sein wird, diese Bindung zu lösen. Im Namen der Familie beglückwünscht er die Beiden zu dem Entschluss, heiraten zu wollen. Einige Wochen später findet die Hochzeit im kleinen Kreis auf dem Standesamt statt.

> Das genügt, ich glaube an die Liebe <, entscheidet Mariechen, die immer mehr zu einer Maria wird. Hans geht seiner Arbeit nach und bringt ab und zu Tapetenreste mit, die er in der Baracke austauscht. Einmal in der Woche packt er das Schachspiel unter den Arm, besucht den Freund und spielt fast bis zum Morgengrauen. Am Sonntagabend besucht Mariechen weiterhin ihre Familie und bleibt der Tradition des gemeinsamen Singens treu. Hans wartet geduldig und empfindet Tag für Tag und Nacht für Nacht das wunderbare Gefühl in seiner Brust, wie schön es ist, mit diesem herrlichen Geschöpf zu leben. In diesem Jahr ist es sehr kalt, der Ofen raucht ununterbrochen, er will gefüttert werden und jedes Holzstück, was sie finden, ist kostbar. Die Schwestern stricken Strümpfe, Mützen und Schals.

Im Advent werden wieder die ersten Weihnachtslieder gesungen. Erst an dem Tag, als die Schwestern sie darauf aufmerksam machen, dass ein Kommunist keine Weihnachten feiert, wird Mariechen sich dieser Tatsache bewusst. Bei aller Liebe, ein Jahr ohne Weihnachten unvorstellbar. Die vorsichtige Frage danach verwirrt Hans. Er hat mit dem Fest nichts am Hut, für ihn ist es allenfalls ein freier Tag. Durch die geschmückte Stadt und an den erleuchteten Fensterscheiben geht er, mit gesenktem Blick unter dem heruntergeschlagenen Hut, vorbei. Dass das Leuchten in Mariechens Augen nachlässt, macht ihn traurig, doch die Hoffnung, dass dies sich wieder ändern wird, gibt er nicht auf. >Nur eine Kerze, etwas Tannengrün und eine Krippe<, Mariechens Versuch, Hans von der wohligen Atmosphäre in dieser, ihr so wichtigen Zeit zu überzeugen, bringt nur ein Achselzucken. Ein Kommunist hat kein Verhältnis dazu und auch die Erklärung, dass gerade die Drei, Maria, Josef und das Kind in einem Stall Unterschlupf gefunden hatten, würde doch der Ideologie des Kommunismus sehr nahekommen. Mariechen seufzt und findet am Sonntag bei dem weihnachtlichen Gesang mit ihrer Familie Trost. Am Heiligen Abend arbeitet Hans noch in einer Wohnung und findet dort die Weihnachtsausgabe des Kölner-Stadt-

Anzeigers. Das Titelblatt im Großformat zeigt eine Krippe. Den Stall, umringt von Hirten und Engeln, Maria im blassblauen Gewand, Josef in dunkler Kluft und das Kind, rosig lächelnd, in Windeln gewickelt, mit einem Heiligenschein in der Krippe. Die Geburt eines Kindes auf der ersten Seite der Zeitung; Hans schaut lange, sucht in seiner Vergangenheit. Vorsichtig schneidet er das Blatt aus, klebt es auf einen grünen, mit Palmen bedruckten Rest einer Tapete und macht sich auf den Heimweg.

Mariechen ist auch unterwegs. Sie stapft durch den Schnee, trägt schwer an der Tasche Geschenken, eingepackt von den Geschwistern, Tannengrün, eine Kerze, selbst gebackene Plätzchen und gestrickte Pullover. Es ist friedlich, > süßer die Glocke nie klingen...<, das Lied noch auf den Lippen schaut sie in die weihnachtlich geschmückten Wohnungen fremder Menschen.

Von weitem sieht sie das Licht in ihrer Baracke und den Rauch aus dem Kamin. Aufgeregt und mit klopfendem Herzen läuft sie das letzte Stück und hört Musik. Hans hat das Radio eingeschaltet, an diesem Tag erklingt Weihnachtsmusik. Sein Gesicht ist nicht mehr dunkel, es leuchtet, als er die Tür öffnet und Maria ins Zimmer bittet. Vor dem neuen

Tapetenstreifen bleiben sie stehen, ihre Blicke gerichtet auf die Krippe der Weihnachtsausgabe des Kölner Stadt-Anzeigers.

> Spürst du Hans, es ist das Fest der Liebe.< Sie zünden die Kerze an, streifen die Pullover über und finden auf dem Tisch einen Platz für den Kaffee. >Ist es nicht wunderbar sagen sie, schauen sich in die Augen und auf das neue Muster der Tapete.

24. DEZEMBER 1969

Zuhause großer Waschtag. Die Frauen saßen in der Einfahrt und sortierten Wäsche. Eine altmodische Maschine mit Handkurbel stand zwischen den Waschräumen und wurde von der Schwester bedient. Die Frau des Bruders spannte Leinen quer durch die Einfahrt. Jeder hatte etwas zu tun. Es roch nach Seife und Waschpulver, überall Wasserpfützen. Die ersten Windeln hingen auf der Leine. Es war so warm, dass sich die Kinder mit dem Wasserschlauch abkühlten und laut dazu kreischten. Ali reparierte den Gasherd in der Küche. Es war Weihnachten, was soll das schon?

Nicht alle Menschen sind Christen, und das Fest würde es immer geben. Hier war jeder Tag ein neues Erlebnis. Ali war da, und das war wichtig. Marianne schaute den Frauen zu. Sie waren vertieft in Arbeit und Gespräche und sie in Gedanken an zuhause. Dort war es jetzt kalt, vielleicht schneite es sogar, die Stimmung war voller Erwartung. Die Adventszeit hatte ihre Erfüllung gefunden. In den Zimmern standen geschmückte Tannen mit Krippe und

Geschenken darunter. Die Musik hörte sie genau „Weihnachtsoratorium" oder „Stille Nacht", Gesichter im Kerzenschein und Festtagsbraten im Ofen. Friede auf Erden, die Messe in der Kirche, ein Gefühl von Wärme und die Sehnsucht danach überwältigte sie. Das Geschenk im Koffer, Weihnachtspapier, bedruckt mit Nüssen, Äpfeln und Tannengrün. Sie wusch ihre Haare, zog ihr schönstes Kleid an, trug Lippenstift auf und ging wie geschmückt mit langsamen Schritten nach draußen. Ali stand mit verschmierten Händen neben seiner Mutter und erklärte etwas. Keiner nahm Marianne wahr. Sie stand einfach nur da und dachte an Weihnachten, bis ihr die Tränen kamen. Alle schauten Ali an. „Was hast du dem Mädchen getan?" Ali verunsichert, Marianne suchte die Nähe der Mutter, wollte irgendwie getröstet werden. Doch woher sollte sie wissen, was los war.

„Heute ist der 24. Dezember, Weihnachten." „Ach das ist es." Ali kannte Weihnachten, hatte es aber nie miterlebt. Er wusste etwas von Geschenken, aber nicht so genau. „Ist dieser Tag so wichtig für dich?" Sie schaute in dunkle Augen und fühlte, dass beides wichtig war. Die älteste Schwester hakte nach, wollte wissen, was ist. Marianne holte das Geschenk, eingepackt in dieses völlig unpassende

Geschenkpapier. Ali fühlte sich nicht wohl, hatte nicht damit gerechnet, wusste nicht, was zu tun war. Die Schwestern liefen und brachten kleine Geschenke. „Komm mit ins Auto, ich zeig dir was." An jenem warmen Tag fuhren sie lange durch die Straßen, ein Tag wie jeder andere. Außerhalb der Stadt, wo sich der amerikanische Militärstützpunkt befand, hielten sie. „Komm mit und schau."

Marianne schaute versteckt in die Wohnungen der Amerikaner, hielt es nicht für möglich, dass so ein bunt geschmückter Baum beladen mit Kitsch und Engelshaar ihr Herz erfreute. Sie gingen von Haus zu Haus, Voyeure, die nicht satt wurden, Weihnachten zu schauen. Es wurde Abend und die Dunkelheit Mariannes Verbündete in dieser Heiligen Nacht.

„Komm wir müssen nach Hause." Ali wurde unruhig Schweigsam waren sie auf der Rückfahrt. Als sie ankamen, strahlte er. Vor der Einfahrt auf einem Stück Wiese stand ein kleiner brauner Esel mit weißen Ringen um die Augen. Mariannes Lieblingstier, ihr Weihnachtsgeschenk. Die älteste Schwester hatte ihn besorgt, und Marianne schaute in strahlende Augen. Die Überraschung war gelungen. Der Esel hieß „Garip", das bedeutet „Fremder."

FROHE BOTSCHAFT

Weihnachten, das schönste Fest. Der Höhepunkt nach der aufregenden Zeit der Erwartung. Advent mit den spannenden Türchen im Kalender, den roten Kerzen auf dem grünen Kranz, an jedem Sonntag ein Lichtlein mehr. Fällt dazu noch Schnee auf die Straße, ist die Freude unendlich groß.

Am 24. dann das Fest, das Ereignis, welches das Herz der Fünfjährigen weit öffnet und die Augen strahlen lässt. Nach dem Spaziergang in der winterlich kalten Luft, dem Besuch der Krippe in der Kirche, dem feierlichen Gesang und den anders aussehenden Blicken der Erwachsenen, ist die Aufregung auf das was jetzt kommt, kaum zu ertragen. Schon hört sie das Glöckchen, das Lied der Stillen Nacht und sieht im Kerzenschein den geschmückten Tannenbaum

mit den Geschenken darunter. Was kann schöner sein, als geborgen im Kreis der Familie, Geschenk für Geschenk zu erhalten zu staunen, mit dem Wunsch, dass dieser Tag nie zu Ende gehe.

Die Frage nach dem Rest der Familie kommt am nächsten Tag. Wo sind die Cousinen und Cousins, ihre Spielkameraden an den anderen Wochenenden im Jahr.

Die Tanten und die Onkel die auch zur Familie gehören, hat sie noch nie an Weihnachten gesehen. Zu gerne hätte sie gewusst, welche Geschenke die Cousine bekommen hat. Sicher hätte man gemeinsam mit den neuen Sachen spielen können. Warum ist sie nicht da?

Die Freude an diesen Tagen hätte sie gerne mit der großen Familie geteilt, so wie es an den anderen Feiertagen üblich ist.

Sie erinnert sich genau an das Zuckerfest, wo sie, mit schönen Kleidern angezogen, die Verwandten besuchen, viele Süßigkeiten bekommen und der feierliche Ausdruck in den Gesichtern fast so wie an Weihnachten ist

Das Opferfest, hatte ihr weniger gefallen, sie hatte Mitleid mit dem armen geschlachteten Schaf, doch das gemeinsame Essen mit der großen Familie an dem langen Tisch, die freudigen Gesichter und das fröhliche Lachen hatten ihr gut gefallen. Außerdem hatte es für die Kinder kleine Geschenke gegeben und der sonst so ernst blickende Onkel war mit einem Mal freundlich.

Warum also, fehlten sie an Weihnachten? Die Antwort der Geschwister, „weil sie Muslime sind", versteht sie nicht

Ihre Bitte, die Verwandten einzuladen oder zu besuchen, wird zunächst überhört, sie spürt, dass hier etwas nicht stimmt. Nachdem sie gut gegessen haben und zufrieden sind, lassen sie die Tage Revue passieren. Die Bitte der Jüngsten, ist nicht vergessen. Dass sie noch einmal nachfragt, lässt alle aufhorchen, sie schmunzeln, sind ein wenig verlegen und wissen zugleich, dass sie an einer Antwort nicht vorbeikommen.

Ja, Weihnachten!

Ja, Weihnachten, die Mutter will wissen was denn die Botschaft ist, die an diesem Tag die Menschen so glücklich macht.

„Da ist Jesus geboren, der Erlöser der Welt, deshalb freuen sich die Menschen und beschenken sich."

Der große Bruder weiß Bescheid, die Kleine versteht nicht alles und die Mutter versucht zu erklären. Sie spricht von einer frohen Botschaft, von dem Fest der Liebe, erzählt die Geschichte von Bethlehem. Die Familie hört zu, nickt bestätigend mit dem Kopf, die Stimmung ist feierlich, Weihnachten ist einfach schön. Warum sollten die anderen nicht daran teilhaben. Die Kleine wundert sich. Der Satz, „die glauben nicht an die Geschichte und deshalb bekommen sie auch nichts", verändert die schöne Stimmung. Erschrocken sucht die Kleine nach einer Lösung und hat die Idee. „Wir laden die Verwandten zu uns ein und zeigen ihnen, wie schön es ist. Für all unsere Cousinen kaufen wir Geschenke und zeigen ihnen wie Weihnachten gefeiert wird. Gleich morgen sollen sie kommen, bitte rufen wir sie an.

Mit dem typischen „Erwachsenenblick, was soll denn das", versuchen sie unter irgendeinem Vorwand das Gespräch in eine andere Richtung zu lenken. Die Mutter will in die Küche und die Geschwister wollen sich endlich um die Geschenke kümmern.

An dem Blick des Vaters merkt das Kind, dass für ihn das Thema noch nicht erledigt ist. Die Kleine hakt nach, es ist doch alles da, der Weihnachtsbaum, die Plätzchen, die Kerzen und..., nur die Geschenke fehlen, schließlich wären es viele Kinder und auch einige Erwachsene. „Da haben wir das Problem, warten wir bis zum nächsten Jahr- oder?" Der Vater hat eine Idee. „Wie wäre es, wenn jeder von seinen Geschenken eines abgeben würde?" Die unsicheren Blicke kommen jetzt von den Kindern. Gerade erst geschenkt bekommen, sich darüber gefreut und schon wieder davon abgeben?

„Genau, das wäre auch eine Botschaft die zum heutigen Tage passt."

Sie sind ruhig geworden, werfen einen Blick auf die Vielzahl der Gaben die unter dem Weihnachtsbaum liegen.

„Ich weiß schon, was ich abgebe, feiern wir morgen das Fest noch einmal." Mit strahlenden Augen bittet die Kleine vorgeschlagene Einladung. Dann sind alle damit beschäftigt, den zweiten Weihnachtstag zu planen. Mit Feuereifer werden die Geschenke neu verpackt, die Plätzchen aufgeteilt und das Menü besprochen. Alles soll genauso verlaufen, wie am Heiligen Abend. Nach einigem Hin-und Her, gelingt es dem Vater, die Verwandtschaft von einem Besuch zu überzeugen. Die Aufregung darüber, scheint bei ihm am größten zu sein. Am nächsten Tag hängen die Augen in der anfänglichen Dämmerung am Fenster und die Herzen schlagen heftig. Die Verwandten ebenso aufgeregt, warten schüchtern im Korridor. „Erst wenn das Glöckchen klingelt, die Kerzen angezündet sind und die Musik erklingt, dürfen wir hinein." Die Kleine übernimmt die Regie, zweimal nacheinander das Fest zu erleben, ist ein großes Ereignis. Die Cousins und Cousinen strahlen, suchen nach ihren Namen auf den Geschenken, versuchen möglichst an den Gesichtern der Eltern vorbeizuschauen. Unsicher verhalten sich die Erwachsenen, kein „frohe Weihnachten" kommt über die Lippen.

Die jüngeren Kinder kommen schnell ins Spiel und vergessen das Drumherum. Die Jugendlichen grinsen und machen sich über die Plätzchen her.

„Mit den Kerzen sieht es ja aus wie in einer Kirche und mit all den Geschenken komme ich mir vor wie im Kaufhof . Viel zu viel Theater, das Ganze"

Zum Glück nimmt die Kleine die spöttischen Worte des Onkels nicht wahr. Erst als die Cousinen zum schnellen Aufbruch gerufen werden, spürt sie den Zauber verschwinden.

Hilflos schaut sie zum Vater. Er nimmt die Tochter an die Hand, lobt ihre tolle Idee und bittet gleichzeitig um Verständnis für das Verhalten der Erwachsenen.

Erinnert daran, dass sie das Fest als Kinder nicht gekannt haben und das, was man als Kind nicht lernt, lernt man als Erwachsener nimmermehr. Dass sie die frohe Botschaft nicht verstanden haben ist schade, doch ein paar Tage später, wenn der Jahreswechsel kommt, wird die Stimmung eine andere sein. Ein neues Jahr zu begrüßen, ist für alle gleich.

WINTER 1938

Die Zeit , in der sie lebte, war nicht danach ausgerichtet der Liebe zu begegnen. Hetzkampagnen, Drohungen und Hass gegen jüdische Mitbewohner waren an der Tagesordnung. Hanna schämte sich und war wütend zugleich. Ohne Angst stellte sie den Lebensmittelhändler, der immer zu einem Scherz oder einem kleinen Flirt bereit gewesen war, und nun sich weigerte, ihrer geliebten Familie Katz die nötigen Lebensmittel zu verkaufen, zur Rede. Ein Achselzucken war die Antwort. An diesem Abend schaltete Hanna das Radio ein, unfassbar, was sie hörte. Hetzreden gegen jüdische Bürger, Lügen und Beschimpfungen waren das Hauptprogramm. Wachsam würde sie sein, es nicht zulassen, dass den Freunden irgendetwas Furchtbares passiert. In welchen Zeiten lebten sie? War es nicht mehr möglich, den Nachbarn oder vermeintlichen Freund zu trauen? Klirrende Fensterscheiben, lautes Hundegebell und grölende Stimmen weckten sie aus dem Schlaf. Durch die Milchglasscheibe ihrer Zimmertür sah sie Licht brennen, ohne weiter nachzudenken lief sie in ihrem langen geblümten Nachthemd ins Wohnzimmer der jüdischen Familie, dessen Dienstmädchen sie war. Thea Katz saß wie erstarrt. mit rotgeweinten Augen im eleganten himmelblauen Morgenmantel und schaute auf die Tür zum Kinderzimmer. Ihr Mann, notdürftig angezogen, hielt ihre Schulter und versuchte sie mit dem Griff seiner Hände, zu beruhigen. „Was ist los?" Der Lärm hatte es längst geschafft die Kinder aus dem Schlaf zu reißen. Völlig irritiert und ängstlich fragten sie was passiert sei Herr Katz beschönigte nichts. Sein Geschäft hatte man zerstört, Scheiben eingeschlagen, Farbtöpfe über den teuren Stoffen ausgeleert. Erschüttert saßen sie in der heimeligen Umgebung, dem Ort, der ihr Zuhause war, wo sie sich sicher und wohlgefühlt hatten. Die beiden Kinder fest an die Mutter geschmiegt, leichenblass die Gesichter. Die Großmutter, kraftlos auf ihren Stock gestützt. Hoffnungslos schon jetzt ihrem Schicksal ergeben. Wie ein Schutzschild oder aus Ratlosigkeit stand der Vater mit erhobenen Händen vor seiner Familie. Hanna kam sich wie ein Eindringling vor. Dieses Bild würde sie niemals vergessen; es war wie Abschied nehmen, was sie nicht wahrhaben wollte. Verblüfft über die eigene Stimme hörte sie sich sagen: „macht euch keine Sorgen, wir schauen nach vorne und suchen nach neuen Wegen, ich bin eure Verbindung nach außen und setzte alles daran, Hilfe zu finden. "Wie und was sie vorhatte, wusste sie selbst noch nicht. Der Hoffnungsschimmer in den Augen der Familie, gab ihr Kraft und den Mut, etwas zu tun. Sie besorgte nach wie vor die täglichen Einkäufe, kannte die Geschäfte, wo dies noch möglich war. Sie spitzte die Ohren und lernte Menschen kennen, von denen Hilfe zu erwarten war. Die Ausreise in ein anderes Land schien der einzige Ausweg zu sein. Hanna beschwor Frau Katz, die zu ihrer Freundin geworden war, alle Hebel in Verbindung zu setzten, nach Amerika auszuwandern solange es noch möglich sei. Theas Verwandte lebten dort und viele Juden waren im Aufbruch. Den letzten Ausschlag zu ihrem Entschluss gab der Tag im November, als auf öffentlichen Plätzen sämtliche Bücher verbrannt wurden, die dem Regime nicht passten. Das Feuer schrie zum Himmel und hatte nichts mit der Beleuchtung zu tun, die in dieser schon vorweihnachtlichen Zeit üblicherweise zu sehen waren. Hanna fühlte sich hineingeworfen in diese Situation, sie musste handeln, ihr Gewissen verlangte es und gab ihr die Kraft, die sie benötigte.

Im Dezember war es dann soweit, Herr Katz hatte gut vorgearbeitet, mit Hannas Hilfe konnte der Plan verwirklicht werden. Die Familie musste sich trennen, kein Verdacht durfte aufkommen. Hanna fiel es zu, die Kinder am vorgesehenen Abend zum Bahnhof zu bringen und in den Zug nach Amsterdam zu setzen. Es war gefährlich, nach der Sperrstunde, an die sich Juden zu halten hatten, mit jüdischen Kindern über die Straße zu gehen. Wer erwischt wurde, hatte mit harten Strafen zu rechnen. Der Fluchtplan ließ aber keine andere Möglichkeit zu. Für Hanna war es selbstverständlich, ohne zu zögern würde sie für die Freunde da sein.

Die Pässe der Kinder trugen jetzt einen deutschen Stempel, aus Ruth und Fred waren Helga und Heinz geworden. Die Kinder begriffen schnell und konnten erzählen, dass sie die Feiertage bei den Großeltern in Holland verbringen wollten.

Nach einem schmerzlichen Abschied mussten alle das Haus verlassen. Hanna mit den Kindern als Erste. Mutter und Großmutter einen Tag später, als Letzter Herr Katz. Er versuchte noch den Kindern die Angst zu nehmen und erzählte ihnen von der spannenden Schiffsreise, die vor ihnen läge. Alle Augen streiften die geliebte Wohnung. Das Grammophon hatte Thea Hanna bittend ans Herz gelegt, nach einigen Tagen sollte sie es aus der Wohnung abholen.

Mit zwei hüpfenden Kindern, die sich interessiert, mit aufmerksamen Augen die Weihnachtsdekoration in den Straßen und den verbleibenden Geschäften ansahen, wohl wissend, dass dies zum Schein und mit einer großen Angst im Herzen verbunden war. Hannas Herz klopfte stark. Den kleinen Hut mit dem vorgespannten Netz zog sie tief ins Gesicht, sodass es gerade noch möglich war, den Überblick auf die Straße zu behalten, eventuell vorbeigehenden bekannten Gesichtern auszuweichen und sogleich die Furcht, die sie gerade überkam, zu verbergen. Immer wieder fuhr sie mit der Hand an den Hut, während sie mit der anderen den größeren der beiden Koffer, leicht beschwingt zu tragen versuchte. Fred trug den kleineren Koffer, ihm war der Stolz, eine große Hilfe zu sein, an der Nasenspitze anzusehen. Die Nervosität unterdrückend und der Situation einen Hauch von Normalität zu verleihen, machte Hanna die Kinder auf die bevorstehende Weihnachtszeit aufmerksam. Sie wies auf die schon wartenden Tannenbäume hin und machte einen Verschnaufpause vor den Sängern der Heilsarmee, die voller Inbrunst die Lieder von der freudigen Ankunft sangen. Der Bahnhof empfing sie mit grünen und roten Augen, aufgesetzt auf die dunklen Gesichter der Lokomotiven, die Durchfahrt oder Anhalten signalisierten. Gefauche, Gestampfe und rauchende Wolken verschluckten die Worte der Wartenden. Worte der Freude über das Wiedersehen oder Worte der Trauer über einen Abschied. Welche Geheimnisse verbargen das kalte Gebäude und die sich ins Unendliche ziehenden Verläufe der Schienen. Der Bahnhof, ein Knotenpunkt, ein Fadengewirr vor der endgültigen Entscheidung, wohin es weiter geht. Hin und wieder gelang ein Blick über oder zwischen die stählernen Konstruktion der Decke. Ein Blick nach draußen , auf die Spitzen des Doms, einen silbrig blauen Streifen des Rheins oder auf die Leuchtreklamen an hohen Häuserwänden. Hastig und ohne tiefere Wahrnehmung. Die Gedanken im Bahnhof galten der Fortbewegung. Hanna fand das vorgesehene Abteil und die freundlich eingeweihte Reisebegleiterin. Alles verlief nach Plan, der kleine Hut schob sich in den Nacken, als sie die Kinder ein letztes Mal in die Arme nahm. Sie drückte Helga und Heinz, küsste Ruth und Fred, wünschte frohe Weihnachten und winkte so fröhlich, wie es ihr möglich war. Erschöpft verließ sie den Bahnhof. Wie ein erdrückendes Ungeheuer spürte sie die Stahlgerüste. Die Größe des Doms spendete in der abendlichen Dunkelheit keinen Trost

NACHTWANDERUNG

Nicht einmal seit drei Monaten bin ich in diesem Land. Hier will ich studieren und bin bis jetzt damit beschäftigt, all das Unbekannte zu entdecken und auf mich wirken zu lassen. Ich habe mir angewöhnt, die Unterschiede zwischen meiner alten und der neuen Heimat aufzuschreiben. Fein säuberlich den Strich mit einem Lineal, genau in der Mitte des neuen Collegsblocks gezogen, steht auf der linken Seite "alte" und auf der rechten Seite "neue" Heimat. Mein Bruder lacht nur darüber. Er lebt schon seit einigen Jahren in der neuen Heimat und ist der Meinung, dass das Wort Heimat überflüssig ist. Es gibt nur eine Heimat und die ist da, wo man geboren wurde und seine Wurzeln hat.

Die Unterschiede prägen sich von ganz alleine ein, unmöglich sie zu ignorieren. Sie sind gegenwärtig. Ich will sie auch nicht bewerten, sondern einfach nur feststellen, wo ein gemeinsamer Nenner zu finden ist. Als erste Gemeinsamkeit fallen mir die Farben des Herbstes auf, die rot braunen Blätter der Bäume, der blaue Himmel mit den weißen Wolken im Licht der Sonne ist hier genauso schön, wie in meiner Heimat. Die Sprache habe ich zum Glück schnell gelernt und den Kontakt zu den Kommilitonen genauso schnell gefunden. Wir sind eine gemischte Gruppe. Ägypter, Inder, Deutsche und ich. Jeden Tag nebeneinander mit der Arbeit im Labor beschäftigt Analysen, Synthesen, Messungen und Spülen sind unsere Hauptaufgaben. Nach getaner Arbeit eilen die Ägypter, die Inder und ich nach Hause. Die Deutschen gehen in die Kneipe, der erste Strich bei den Unterschieden. Weitere folgen in Sachen Straßenverkehr und Einhaltung der Regeln, beim Umgang mit Frauen und dem Leben in der Familie. Es dauert jedoch nicht lange, dass ich die ersten Seiten mit Unterschieden gefüllt und die Lust daran verloren habe. Der Bruder hatte Recht, sie prägen sich selbständig ein und ich suche mir aus, was mir wichtig ist und gefällt.

Es ist Dezember geworden und ich stelle fest, dass mir die Jahreszeit in meiner Heimat besser gefällt, wo es im Dezember angenehm warm und hell ist. Die Tage hier sind kurz, am späten Nachmittag ist es schon dunkel dazu ist es kalt und oft regnerisch. Meine Freunde trösten mich. „Kauf dir einen Schal, eine Mütze und Handschuhe und warte ab, bis der erste Schnee fällt. Dann sieht die Welt ganz anders aus." Sie lachen mich aus und verführen mich zu einem Glas Punsch, der auf dem

Weihnachtsmarkt getrunken wird. Die Straßenbeleuchtung und der Glanz auf dem Weihnachtsmarkt hellen die trübe Stimmung auf und gönnen dem angespannten Ausdruck auf den Gesichtern der viel beschäftigten Leute, ein wenig Pause. Weihnachten liegt in der Luft, das Fest, das hier wohl eines der Höhepunkte des Jahres ist. Wie genau der Ablauf ist, weiß ich nicht doch die Vorfreude und zugleich der Stress sind überall zu spüren. Die Hoffnung auf eine weiße Weihnacht höre ich genauso oft, wie die Überlegung, was es an diesem Tag zu essen gibt. Mein Bruder freut sich auf die freien Tage, an denen er ausschlafen und mit Freunden und mir Backgammon spielen kann.

Ich werde eingeladen, die evangelische Studentengemeinde veranstaltet am 24. Dezember, dem Heiligen Abend, wie es heißt, eine Weihnachtsfeier für die ausländischen Studenten. Schnee ist noch nicht gefallen. Die Mütze, den Schal und die Handschuhe lasse ich zu Hause. Die Feier beginnt um 17:00 Uhr nachmittags. Ich bin gespannt. In den festlich geschmückten Kellerräumen des Studentenheimes spielt der Tannenbaum wohl die größte Rolle. Er ist genauso präsent wie die roten Kerzen auf den Tischen. Die ungewohnte Atmosphäre lässt uns ruhig werden, leise sprechen wir miteinander und bewegen uns schüchtern. Nach der Aufforderung des Gastgebers, einem evangelischen Pastors, Platz zu nehmen, das weihnachtliche Gebäck zu probieren und auch die Getränke, Glühwein oder Ähnliches zu genießen, lockert sich die Stimmung. Sehr nette Studentinnen servieren Kartoffelsalat und Würstchen. Alles gefällt mir sehr gut. Wir lachen miteinander fragen uns aber, warum das alles? Der Pastor hebt sein Glas, bittet um Aufmerksamkeit und berichtet uns von der frohen Botschaft, dem Sinn des heutigen Festes. Die Geschichte ist bildhaft, kindlich schön, und zaubert ein spöttisches Lächeln auf die Gesichter der Studenten, das zum Strahlen kommt, als ein Chor hübscher Studentinnen ein Weihnachtslied von der stillen und heiligen Nacht, singt. In Gedanken suche ich mir eine von ihnen aus und stelle mir vor, nach der Feier, den Abend mit ihr zu verbringen. Im Stillen formuliere ich den Satz, den ich sagen werde und hoffe, dass ich mich nicht blamiere und keine Absage bekomme. Während die Sätze von einem beschwerlichen Weg von Maria und Josef und der Geburt eines Kindes in einem Stall an mein Ohr dringen, konzentriere ich mich auf die hübsche Blonde, die mir, so glaube ich, besonders zugetan ist. Ihre Blicke gehen ständig zu mir. Ich höre etwas von Hirten und Engeln. Einem Engel gleich kommt sie mir vor und als sie mir eine Tüte mit selbst gebackenen Plätzchen überreicht, sehne ich mich mit klopfendem Herzen nach einem schnellen Ende der Veranstaltung. Die Betonung auf dem „selbst gebacken" bei dem Gebäck fällt mir immer wieder auf. Das muss etwas Besonderes sein, wie alles in dieser Zeit. Mit einem „Frohe Weihnachten euch allen", beendet der Pastor die Feier. Aufgeregt bahne ich mir einen Weg vorbei an den Kommilitonen, direkt auf das Mädchen zu. Gut behütet unter einer dicken Mütze, eingepackt in einen warmen Mantel höre ich ihre fröhliche Stimme. „Einen schönen Abend noch jetzt geht's nach Hause. Die Familie wartet, und schon ist sie verschwunden.

Ist Weihnachten nur ein Fest für Insider?

Enttäuscht mache ich mich auf den Weg zur Haltestelle. Heiligabend ist heute, für mich eher ein kalter, unheimlich dunkler und stiller Abend. An der Haltestelle bin ich der Einzige der wartet. Die Zeit verrinnt, meine Füße werden kalt. Irgendetwas stimmt nicht, unmöglich so eine Verspätung. Der Blick auf den Fahrplan zeigt Änderungen für den 24. Dezember an. Die Bahn, Nummer 7 , fährt nur jede Stunde, hier ist sie gerade vor mir weggefahren. Noch eine Stunde zu warten, ist zu lang für mich. Mittlerweile sind auch meine Hände kalt und meine Ohren frieren entsetzlich. Auf dem Weg zur nächsten Haltestelle bin ich allein unterwegs. Keine Menschenseele zu sehen. Neugierig, schaue ich in die Wohnungen und sehe überall die geschmückten Bäume, frohe Gesichter und höre sogar hin und wieder festliche Musik. Es scheint allen gut zu gehen, ich freue mich an den glücklichen Gesichtern und beneide sie um die Wärme in der Stube.

Angekommen an der nächsten Haltestelle ist auch dort kein Fahrgast zu sehen. Stehen bleiben und warten ist unmöglich. Ich habe das Gefühl einzufrieren. Meine Arme schwenke ich hin und her. Auf den Füßen wippe ich in der Hoffnung, dass sie sich erwärmen. Den Mantel ziehe ich über den Kopf und fühle in meinem Gesicht die ersten Schneeflocken. Sie faszinieren mich so, dass ich meine Wut zurückhalte und mich an diesem, für mich erstmals erlebten Naturereignis erfreue. Ich wandere weiter durch den Schnee. Die Wohnhäuser werden weniger, Geschäfte befinden sich auf beiden Straßenseiten. Da ist ein Lebensmittelgeschäft neben der Bäckerei, ein Friseursalon und ein Blumengeschäft, ein Reisebüro und ein Optiker. Die Auslagen der Geschäfte, natürlich weihnachtlich geschmückt. Oft mit diesem Weihnachtsmann, dem Kerl mit rotem Anzug und einem Bart aus weißer Baumwolle. In manchen Fenstern tanzt er sogar oder wirft mit Geschenken um sich. In dem Eingangsbereich vor einer Metzgerei endlich die ersten Menschen. Ein Mann und eine Frau klammern sich an einen Einkaufswagen. Sie scheinen ziemlich viel getrunken zu haben und wühlen so lange in großen Taschen bis sie eine Decke finden die sie in dem Eingang ausbreiten wollen. Die Frau kniet sich darauf und zieht die Ecken schön gerade. Der Mann findet eine zweite Decke und lässt sich neben der Frau nieder. Den Wagen schieben sie so lange mit den Füßen hin und her, bis er quer vor ihrem Lager wie eine Art Barriere steht. Erst jetzt entdecken sie mich. Ihre Frage, ob ich Fusel habe, kann ich nicht beantworten. Ich weiß nicht, was das ist. Die Frau lacht mitleidig. „Dir ist kalt. Komm mit unter die Decke, dann sind wir zu dritt und können uns gut wärmen. Hier ist ein guter Platz morgens geben uns die Metzgersleute immer was zu essen, eine Suppe und ein Brötchen, oft mit Frikadellen."

„Keine selbst gebackenen Plätzchen an Weihnachten?" Sie werden still, als sie sich erinnern, „Weihnachten ist heute, selbst gebackene Plätzchen waren einmal." Für einen Augenblick sind sie in einer anderen Welt. Ich finde die Tüte in meiner Tasche und denke an das blonde Mädchen. Vorsichtig entferne ich das rote Bändchen von der Tüte und verteile das Gebäck. Die Frau kennt die Namen „Das sind Makronen und diese hier sind Printen, die halbrunden sind Zimtsterne und die anderen heißen Spritzgebäck." Dann gibt es noch drei Mandarinen und Schokoladenkugeln.

Andächtig schweigend, in die eigenen Gedanken versunken, sitzen wir unter der Decke im Eingang zur Metzgerei und essen zu den leise fallenden Schneeflocken, die weihnachtlichen Gaben, in der heiligen Nacht.

Ich muss weiter, an der nächsten Haltestelle sehe ich nur noch die Rücklichter der Nummer 7. Noch eine Stunde warten ist mir zu viel. Ich mache mich auf den Weg, mit wissendem Blick schaue ich in die geschmückten Wohnungen, fühle die Schneeflocken im Gesicht, denke an das blonde Mädchen und erinnere mich an die Geschichte von Josef und Maria.

Nach Mitternacht komme ich zu Hause an. Mein Bruder hat Tee zubereitet und freut sich auf den Partner beim Backgammon Spiel.

KRAMBAMBULI

Endlich die Schulzeit beendet, den 19. Geburtstag gefeiert. Jetzt stand sie bevor, die erste weitere Reise ohne die Familie, allein mit der Freundin. Ans Meer oder in die Berge ist nicht die Frage. Rita kannte sich aus in Südtirol, und das genügte zur Beruhigung von Evas Mutter. Getrost ließ sie die Tochter mit der Freundin reisen. Nichts war schöner für die beiden als die Bergwelt Südtirols, deren Spitzen bis hin zum Blau des Himmels zeigten, an deren Hängen lange Reihen von leuchtend roten Früchten an Apfelbäumen darauf warteten, gepflückt zu werden. Wanderwege hoch bis zum ersten Schnee, die Seilbahn, die zur Almweide führt, dort oben Kühe und Schafe auf saftigen Weiden. In den Schenken frischen Apfelsaft und süßen Kaiserschmarrn zu genießen.

Im Dorf schmucke Häuser, deren Blumenkästen prall gefüllt mit Geranien die schönsten Farbkleckser waren und am Abend in der Kneipe ... Toni.

Toni hatte den Urlaub perfekt gemacht. Der natürliche Charme eines Bauernjungen, sein offener Blick und die ehrlichen Worte hatten

Evas Herz von Anfang an berührt. Sie war hin- und hergerissen von dieser ersten Liebe und hätte sich den Zeitpunkt, die Kulisse, das ganze Drumherum nicht besser vorstellen können. Romantik pur. Umarmungen im Stroh, heiße Küsse unter dem Sternenhimmel, Hand in Hand mit Toni, Liebe Tag für Tag. Eine Freundin mit Verständnis und keine Eltern mit unbequemen Fragen. Ein tränenreicher letzter Ferientag, der nur mit dem Versprechen eines Wiedersehens im Winter ein wenig Trost finden konnte. Das neue Jahr musste gemeinsam begrüßt werden, Tonis Stimme mit dem geliebten Akzent hörte nicht auf, davon zu schwärmen, wie schön sein Dorf im Schnee glänzen, wie herrlich die Schlittenfahrten und der Krambambuli am Abend vor dem Feuer in der Stube schmecken würde. Das alles wolle er mit Eva an der Seite erleben.

In fünf Monaten ist Winter, solange gilt es, zu warten. Eva ist glücklich, dass ihre Sehnsucht nach Toni bleibt und ihre Träume nicht verblassen.

Weihnachten gehört noch der Familie, und dann sitzt sie allein im Zug nach Bruneck. Im dortigen Reisebüro würde sie nach einer Unterkunft suchen und Toni überraschen. So hatte sie es sich ausgemalt und sah genau die

Freude in Tonis Gesicht, wenn er sie plötzlich sehen würde.

Die Zugfahrt zieht sich dahin, das eintönige Rollen der Räder bis in den Abend hinein. Ruhig und schneebedeckt, weihnachtlich geschmückt, die Häuser, die mit ihren Lichtern den Schnee zum Glänzen bringen. Sich die Gemütlichkeit in deren Räumen vorzustellen fällt Eva nicht schwer. Lediglich die Sorge, ob das Reisebüro in Bruneck noch geöffnet hat, macht sie nervös. Dort angekommen läuft sie gleich los und sieht einen Mann, der die Türe gerade abschließen will.

„Entschuldigung, aber bitte schließen Sie noch nicht, ich bin gerade mit dem Zug, der Verspätung hatte, angekommen und habe noch keine Bleibe. Ich brauche dringend ein Zimmer für eine Woche."

Der Mann mit der schwarzen Brille, elegant gekleidet mit Anzug und Krawatte, lächelt. „Zu spät, schon geschlossen, meine Liebe. Mein Angebot, fahren Sie mit zu mir, da ist noch Platz."

Was sollte dieser blöde Spruch von diesem eingebildeten Schnösel? „Lieber übernachte ich im Bahnhof." Irritiert macht Eva kehrt, will zurück zum Bahnhof. Der Mann fasst sie am

Ärmel. „Das ist Südtiroler Humor, werden Sie noch lernen. Kommen Sie." Er öffnet die Tür. Eva entspannt sich in der angenehmen Wärme und sehnt sich danach, bald ein Hotel zu finden.

Prospekte und Fotos an den Wänden zeigen nur Landschaften Südtirols. Er muss die Heimat wohl sehr lieben.

„Mein Name ist Hans Niederhofer", stellt er sich vor, schaut kurz von den Unterlagen zu ihr und hat einige Angebote zur Hand. Sein Gesicht hat eine ungewöhnlich zarte Haut für einen Mann, scharf gezeichnete Lippen und forsche grüne Augen hinter der dunklen Brille.

Er sieht gut aus, wieso solche Gedanken in dieser Situation? Während er telefoniert, lässt er Eva nicht aus den Augen. Sie ärgert sich darüber, so naiv gewesen zu sein und vorher nichts organisiert zu haben. Dass gerade im Winter und an den Feiertagen Touristen hierherkommen, hätte ihr klar sein müssen. Hans Niederhofer hebt die Hand, gibt ihr ein Zeichen, es gibt ein freies Zimmer in Sand in Taufers, 17 Kilometer von hier. Heute Abend okay? Eva nickt erleichtert.

Hoffentlich gibt es einen Bus; notfalls schaffe ich die 17 Kilometer zu Fuß oder leiste mir ein Taxi.

Der nächste Bus fährt in einer Stunde, Hans Niederhofer bietet an, sie mit dem Auto ins Hotel zu bringen. Sie muss sich entscheiden. Mit einem Unbekannten zu fahren, gefällt ihr nicht, aber was soll schon passieren? Der Mann ist bekannt im Ort. Als Mitarbeiter oder Besitzer eines Reisebüros kann er sich nichts Dummes erlauben. Vielleicht sollte sie Toni anrufen, aber dann wäre ihr Kommen keine Überraschung mehr. Hans Niederhofer drängt. „Kommen Sie, wir fahren los." „Ich rufe noch kurz jemanden an." Eva wählt Tonis Nummer. Vergeblich, niemand meldet sich. Ganz Gentleman öffnet Hans Niederhofer die Beifahrertür eines schicken Wagens und drückt Eva auf den Sitz. Bevor er einsteigt, befreit er die Schuhe vom Schnee und schaltet im Auto das Radio an.

Es ist angenehm und ruhig. Eva betrachtet seine gepflegten Hände, die leicht gebräunt unter hellblauen Hemdsärmeln hervorschauen. Als er ihren Blick bemerkt, weist er auf die Berge, die wie dunkle Schatten hinter den erleuchteten Häusern stehen. „Sie schützen uns", sein Kommentar, ein schwaches „Ja" Evas Antwort.

Sie will mehr über ihre Bleibe wissen. Natürlich lobt er das gute Haus, die freundlichen

Wirtsleute, und erwähnt im Besonderen die gute Küche und den Krambambuli, der abends am offenen Feuer, mit viel Süße flambiert getrunken, für gute Stimmung sorgt. Sein Blick zur Seite trifft Eva genauso wie die Einladung, am heutigen Abend sein Gast zu diesem Getränk zu sein. Nach einem anstrengenden Tag gebe es nichts Besseres als Krambambuli. Dieses Zaubergetränk würde den Körper mit einer wunderbaren Schläfrigkeit berieseln und den Gesichtern eine sanfte Röte und Schönheit verleihen. Wahrscheinlich würde er auch im Hotel übernachten und auf Eva aufpassen können.

„Bin froh, meine Eltern zu Hause gelassen zu haben, ich kann auf mich selbst aufpassen."

„Sei mal nicht so sicher", kommt es freundlich zurück. Der Gedanke, jetzt nur nicht einschlafen, hilft nicht. Die Augen fallen zu, Eva schläft so lange, bis Hans Niederhofer sie vor dem Hotel behutsam weckt. Er lächelt zärtlich. „So schöne rote Wangen auch ohne Krambambuli, steig aus, wir sind angekommen." Endlich allein, endlich im Zimmer! Der Blick durchs Fenster überwältigt sofort mit den imposanten Bildern der Berge im Schnee. Erschöpft, mit einem kurzen

Gedanken an Toni, lässt sie sich aufs Bett fallen, sie will einfach nur schlafen.

Die Überraschung für Toni, am nächsten Tag. Der Kellner gibt ihr nicht nur den Fahrplan für den Bus ins Ahrntal, er lächelt genüsslich mit einem Brief in der Hand, dessen Absender H. Niederhofer ist.

Heute Abend Krambambuli mit dir, es wird schön werden. Ich freue mich, Hans.

„Das ist schon einer, der Niederhofer", kommt es im schönsten Dialekt vom Kellner.

„Da sind wir ja einer Meinung, allerdings werde ich nicht da sein. Ich fahre mit dem nächsten Bus zu meinem Freund."

Das hätte noch gefehlt, wegen eines Niederhofers die Pläne zu ändern und womöglich auf Toni verzichten. Unmöglich, dieser Niederhofer. Eva, immer noch empört, sitzt im Bus und fährt die vertrauten Wege. Sie erinnert sich, kennt die Gasthöfe und Scheunen, die Bauernhäuser und lacht über die Skier, die vor jedem Haus geparkt sind. Die Schneemassen zu beiden Seiten der Straße sind zu einer Mauer geschaufelt, die Sonne scheint, und ihr Herz klopft wild bei dem Gedanken an Toni.

Sein Haus ist schnell gefunden, sie klopft an der bekannten Tür und wird gleich von Tonis Mutter erkannt. Ein völlig überraschtes Gesicht, das sich in Sekundenschnelle bei der freundlichen Frau in eine Unfreundliches verwandelt.

„Mei, dös ist aber eine Überraschung Mädel." Wenigstens der Ton und die Stimme haben ihren Reiz nicht verloren.

„Und das soll sie auch für Toni sein."

Barsch dreht sie den Kopf, schüttelt ihn zu einem Nein. „Der Toni ist nicht da. Er kommt erst in ein paar Tagen zurück, hat was zu erledigen. Ist besser, wenn du nicht bleibst."

Die Mutter schüttelt wieder den Kopf und deutet in Richtung der Tür. „Aber an Silvester ist er doch da? Wir wollten zusammen ins neue Jahr ..." Eva versteht nicht, sie ist verunsichert.

Ein Schulterzucken und ein ratloses Gesicht. „Ich werd ihm ausrichten, dass du gekommen bist, er kann dich anrufen."

Ein verzweifeltes „Nein, ich will ihn doch überraschen!" Ihr kommen die Tränen.

„Überrascht wird er schon sein, ich muss an die Arbeit, Mädel. Das Beste ist, du fährst heim."

Die Frau schaut Eva streng in die Augen und schiebt sie sanft, aber energisch aus dem Haus. Eva begreift nicht, zitternd und frierend geht sie in den benachbarten Gasthof. Froh, dass um diese Zeit die alten Männer, die dort ihren Wein trinken, sie nicht wahrnehmen und ihren Tränen keine Beachtung schenken. Unmöglich kann sie sich in Toni getäuscht haben. Gut, seine Briefe waren in der letzten Zeit weniger geworden, doch er hatte viel zu tun und Männer sind halt schreibfauler als Frauen. Sollte sie vielleicht die Wirtin fragen? Die kennt doch den Toni, und in dem Dorf weiß jeder über jeden Bescheid.

Niemand kommt und fragt nach ihren Wünschen. Eva nimmt die Getränkekarte, ein heißer Tee würde guttun. Neben dem Angebot verschiedener Schnäpse, Säfte, Kaffee und Wasser fällt ihr in großer Schrift KRAMBAMBULI ins Auge. Wird wohl das Getränk der Saison sein, Herr Niederhofer! Als nach sie einer halben Stunde Wartezeit aufgewärmt, aber noch keine Bedienung gesehen hat, fragt sie bei den Alten nach. „Heute ist Selbstbedienung, musst dir nehmen, was du willst, und das Geld in die Schachtel hier legen. Alle sind mit den Vorbereitungen fürs Neujahr beschäftigt. Es wird keiner kommen."

Wo ist der Sommer geblieben? Eva hat keine Lust mehr, mittlerweile nimmt die Wut überhand. Dann fahr ich halt zurück und trink einen Krambambuli mit Niederhofer. Im Hotelzimmer wirft sie sich aufs Bett und weiß nicht, ob ihr die Tränen aus Wut oder Enttäuschung übers Gesicht laufen. Den Blick auf die vorher noch so faszinierende Landschaft will sie nicht mehr wahrhaben. Auf einmal kommt ihr alles klein und eng, kalt und unfreundlich vor. Eva weint und bekommt Heimweh. Auch der nächste Versuch, Toni telefonisch zu erreichen, ist vergeblich. Völlig ermattet schläft sie ein, und als sie bei Einbruch der Dunkelheit wach wird, sieht sie die Welt mit neuen Augen. Soll der Toni doch warten. Nichts mehr wird sie unternehmen, alles Weitere dem Zufall überlassen. Sollte Hans Niederhofer seine Einladung wahr machen, wird sie mit ihm gehen. Wenn nicht, würde sie allein ein superfeines Abendessen zu sich nehmen, den Krambambuli probieren und auf die angesagte Wirkung einer wunderbaren Schläfrigkeit hoffen.

Sie zieht das neue schwarze Kleid an, elegant müsste sie neben einem Hans Niederhofer schon aussehen. Der Lippenstift einen Tick roter, die Augen einen Tick betonter. Die Schuhe mit den hohen Absätzen das könnte passen.

Noch ein Hauch von Parfüm und ganz Dame sitzt sie in der Lobby des Hotels. „Doch der Niederhofer besser als ein Bauernbub?", kann sich der freundliche Kellner von heute Morgen nicht verkneifen. Eva ist ihm nicht böse, wo er recht hat, hat er recht. Hoffentlich wartet sie nicht vergeblich. „Schon mal einen Aperitif und mit einem Gruß vom Niederhofer, er ist gleich da." Eva ist die einzige Frau im Foyer. Auf den dickgepolsterten Sesseln an runden Cocktailtischen sitzen Damen, schick gekleidet, die gelangweilt Sektgläser zwischen Fingern mit rot lackierten Nägeln halten und dabei versuchen mit den Herren, die gut erkennbar Gauloises rauchen, zu plaudern. Genau das Publikum, das sie liebt.

Die Erleichterung, als sie Hans Niederhofer im Rollkragenpullover auf sich zukommen sieht. „Kluges Mädchen", die Begrüßung. Er küsst Eva auf die Wangen, ist gelöst und freundlich.

Dass er sich auf den Abend gefreut hat, glaubt sie ihm, und die Freude wird noch größer, als er sie an die Hand nimmt und in eines der Restaurants führt, wo das Publikum ein anderes ist als das in der Lobby. In der Südtiroler Stube ist es gemütlich, auf blank geputzten Holztischen steht noch der Weihnachtsschmuck mit roten Kerzen und Tannengrün, im Fachwerk an den Wänden hängen kleine Lampen, die mit dem richtigen Licht für eine heimelige Atmosphäre sorgen. Kinder hocken vor dem offenen Feuer des Kamins, es duftet nach Kastanien und Bratäpfeln. Die Menschen reden entspannt miteinander. Obwohl die Lautstärke nicht gedrosselt wird, versteht Eva so gut wie nichts vom Dialekt, empfindet es aber als äußerst angenehm. Ein Tisch für zwei Personen ist reserviert. Hans rückt ihr den Stuhl zurecht und lächelt charmant. „Es ist wunderschön hier." Eva drückt ihre Freude mit einem strahlenden Lächeln aus und bedankt sich bei Hans mit ehrlich berührter Stimme. Unbedingt ist es ihr wichtig, ihm die Bewunderung für seine Liebe zu der Heimat, die ihr so sympathisch aufgefallen ist, mitzuteilen. Hans lässt sie verwöhnen mit typisch Südtiroler Spezialitäten; zum ersten Mal probiert sie die hausgemachte Schlachtplatte, Schlutzkrapfen Knödel, mit Salbeibutter oder wie all die Köstlichkeiten heißen. Sie schmecken ebenso vorzüglich wie der trockene Weißwein, der bei ihr eine angenehme Schwere auslöst. Sie lässt sich von Hans traumtänzerisch auf die Tanzfläche führen. In seinen Armen fällt es nicht schwer, sich im gleichen Rhythmus zu bewegen, seiner Stimme, die leise die Melodie mit summt, zu lauschen und seine Komplimente zu ihren vollen Lippen und ihrer Natürlichkeit lächelnd anzunehmen. Der feste Druck seiner Arme erregt sie ebenso wie sein Duft, der sie an Zitrone und Tabak erinnert, süßlich und herb zugleich. Wie lange sie der Lust, sich an ihn zu schmiegen, widersteht, weiß sie noch nicht. Seine Eleganz, die geschmeidigen Bewegungen und oftmals der Spott in der Stimme irritieren noch und vereinbaren sich schlecht mit der Zartheit seines Gesichts, seinen Komplimenten und der Einladung heute Abend. Es reizt sie, mehr über ihn zu erfahren, die Seiten kennenlernen, von denen sie glaubt, dass er sie nicht so leicht zu erkennen gibt.

Und dann ist da noch Toni, mit dem alles so leicht war. Bei Toni hatte sie gleich Liebe empfunden, war unbeschwert und durchgehend glücklich gewesen.

Zurück am Tisch ist das Rost mit Arrak und dem Zuckerhut schon vorbereitet. Krambambuli!

Hans entzündet gekonnt die Flamme, ohne sie dabei aus den Augen zu lassen, und füllt die Gläser mit dem ihr unbekannten Getränk.

Routiniert flambiert er den Zuckerhut, prostet ihr zu mit einem verführerischen Blick.

Eva genießt die Romantik, sie fühlt sich wunderschön. An den Nebentischen erreicht die Stimmung ihren Höhepunkt, die Gäste unterhalten sich laut, sie lachen, singen und sind fröhlich, obwohl Silvester erst morgen ist.

Krambambuli steigt Eva schnell zu Kopf. Das Gefühl gefällt ihr, Hans schenkt weiter ein. Die Lust, sie zu betrachten, verbirgt er nicht. Eva strahlt und er küsst ihre Hand.

„Eva, ich mag dich sehr. Die wunderbare Schläfrigkeit und sanfte Röte der Wangen haben dich erwischt, lass uns fahren."

„Wieso fahren, ich wohne doch hier im Haus." Behutsam hilft Hans ihr beim Aufstehen; sie schwankt leicht und hält sich an ihm fest.

„Frische Luft wird dir guttun." Gehorsam nimmt Eva seinen Arm und lässt sich nach draußen führen. Eisiger Wind und heftiger Schnee wehen ihnen entgegen. Die weihnachtliche Lichterkette um das Haus wackelt Lampen, Lichterflecken im Schnee, sehen gespenstisch aus. Wie ein Kind mit ausgebreiteten Armen bewundert Eva dieses

Spiel. Sie mag die Kälte in ihrem Gesicht. Lachend wird sie von Hans umarmt, heftig bedeckt er sie mit Küssen. Überwältigt davon gibt sie nach, lässt sich darauf ein und erwidert die Zärtlichkeiten, ohne dabei an Toni zu denken.

Frische Luft tut gut! Die Kälte macht sie wieder wach. Sie will den Abend noch nicht beenden und willigt ein auf die angebotene Autofahrt durch die sternenklare Nacht. Gemütlich kuschelt sie sich in den Beifahrersitz, Hans breitet eine Decke über sie aus. Während der Fahrt streichelt er ihren Arm. Entspannt und zufrieden schließt sie die Augen, sie weiß jetzt, was Krambambuli ist.

Vor der Einfahrt eines modernen Hauses ohne jeden Schnickschnack hält der Wagen.

„Hier wohne ich." Hans beugt sich über Eva, fährt ihren Sitz leicht zurück. „Komm mit mir, drinnen ist es schön warm. Ich lebe hier allein, du wirst dich wohlfühlen."

Sein Kuss ist fordernd, er drückt den Oberkörper gegen sie, streift die Decke ab und legt seine Knie auf ihren Schoß. Seine Hände versuchen, die Knöpfe der Jacke zu öffnen.

Frische Luft tut gut! Krambambuli verrauscht. Eva ist hellwach, mit beiden Händen schiebt sie Hans zurück.

„Ich möchte ins Hotel, bitte fahre mich zurück." Ihre Stimme ist sanft, aber fest. Sie will nicht, dass Hans ihre Angst spürt. „Es war ein schöner Abend, ich mag dich, aber ich kenne dich nicht. Bitte bringe mich zurück." Hans schüttelt den Kopf. Eva versteht nicht, bedeutet das ein Ja oder ein Nein. Er fragt: „Wärest du mit jedem gefahren, warum mit mir?" Ihr Blick ist ernst, als sie ihm direkt ins Gesicht schaut. „Lass uns fahren Hans."

„Du bist grauenvoll, eine Zigeunerin. Während der Woche bin ich intensiv in meinem Reisebüro beschäftigt, was mir riesigen Spaß macht, und nur am Wochenende habe ich Zeit mich zu verlieben."

„Bitte keine Erklärungen und keine Ausreden." Liebevoll, doch mit fester Stimme weist Eva den Versuch seiner Erklärung von sich.

Er schüttelt erneut den Kopf, küsst sie wieder, dieses Mal vorsichtig und sanft. „Ich verstehe, so etwas nennt man Projektion." Dann richtet er die Sitze und fährt schweigend zurück nach Sand in Taufers. Vor dem Hotel hilft er ihr aus dem Wagen, lächelt und zuckt mit den Schultern.

„Ich wünsche uns viel Glück im neuen Jahr!"

Die Silvesternacht verbringt Eva im Zug von Bruneck in Richtung Heimat. Nur wenige Leute sind unterwegs auf der langen Strecke mit dem Blick auf die faszinierende Bergwelt der Dolomiten.

SILVESTER 2016/17

Zu Köln am Ring bin isch jebore, dates jet wo
isch stolz drop bin..."Worauf bin ich stolz? Dass
ich in dieser Stadt unter dem Schutz der
Domtürme geboren bin? Ist es nicht ein Zufall?
Ein Glücksfall?Ich lebte immer sehr gerne hier
und war beim Anblick der Domtürme stets
berührt und begeistert. Ich hatte Respekt vor
der genialen Bauweise und fühlte mich
beschützt und geborgen im Schatten der
Türme. „Das ist unser schöner Dom!" Die Worte
meiner Eltern prägten sich mir als kleines Kind
schon ein, wenn wir nach unserem
sonntäglichen Spaziergang eigentlich immer
vor dem Dom landeten. Jedes Mal aufs Neue
ergriff uns dieses Gefühl des Staunens mi der
Feststellung, wie klein wir doch waren vor der
Erhabenheit der Türme, die geradezu den Weg
in den Himmel zeigten. Hinaufzuklettern in das
Innere der Türme, war mein größter Wunsch,
der mir am Tag meiner Erstkommunion erfüllt
wurde. Das weiße Kleid wies mich als
Kommunionkind aus, und der Turmwächter des
„Dicken Pitters", der größten Glocke des
Domes, erlaubte mir, die Glocke zu läuten. Mit
seiner Hilfe wurde ich an den
Glockenschwengel gebunden und hin und her

geschwungen. Den dumpfen Glockenschlag spürte ich am ganzen Körper. Dieses wunderbare Gefühle würde ich nie vergessen können. Meine tiefe Verbundenheit zu den Türmen hielt sich über 60 Jahre, bis es nach dem Erlebnis in der Silvesternacht empfindlich gestört wurde. Wie konnte es möglich sein, dass unter dem vermeintlichen Schutz der Türme, solch brutale Dinge passierten wie in dieser Nacht? Angriffe , Übergriffe, sexuelle Belästigung, Diebstahl und Gewalt auf dem Bahnhofsvorplatz im Angesicht des Doms. Widerliche, verabscheuungswürdige Taten, die von Männern an Frauen begangen wurden. Einfach unglaublich und unmöglich. Schuldige wurden schnell gefunden, sofort waren sie gekennzeichnet, gebrandmarkt, junge islamische Männer, Araber, Nordafrikaner, Migranten, sogar Asylsuchende und Flüchtlinge, also Moslems. Ich fühlte mich besonders davon betroffen, mein Liebster ist Orientale, in seinem Pass steht die Religionsbezeichnung" Islam". Ich bin genauestens über die islamisch-muslimische, sogenannte Denkweise der Männer informiert. Anerkennung findet die Frau nur als Sexualobjekt des Ehemannes, als Gebärerin vieler Kinder, in der reinen häuslichen Umgebung, versteckt und verschleiert. Selbstbestimmung , ein Ding der

Unmöglichkeit. Moderne, westlich erzogene Frauen werden als Freiwild angesehen, und das , was in dieser Nacht passiert ist, ist nichts anderes als die Schlussfolgerung dieses Gedankenguts. Was natürlich inakzeptabel ist und mit den uns zu Verfügung stehenden Gesetzen verfolgt und bestraft werden muss.

Traurig und bitter ist es, anzusehen, wie leicht alles über einen Kamm geschoren wird. Der Hass in den Augen der Menschen, die ihre Wut jetzt auslassen an denen, die mit großem Vertrauen in ein Land geflüchtet sind und ihr ganzes Leben zurückgelassen haben um es zu behalten. Seit Jahren steht der Dom an seinem Platz, im Schatten der Türme ist vieles geschehen. Schreckliches, aber auch Gutes, Hexenverbrennungen, Nazi - Aufmärsche, große Befreiungsfeiern nach dem Ende des ersten und zweiten Weltkrieges. Meine Wut bezieht sich auf das Hier und Jetzt, mein Wunsch und meine Hoffnung gehen dahin, es möglich werden zu lassen, dass Menschen aller Nationen und Religionen die Größe und Einzigartigkeit der Domtürme als ein persönliches Geschenk an alle annehmen, friedlich darunter leben und sich wohlfühlen können.

CHANUKKA

Ich schüttelte den Kopf bin wütend über die misslungene Organisation. Was heißt Weihnachtsfeier in dieser Schule mitten in Köln mit einem Ausländeranteil von mindestens 50 %?Nun gut, wir leben hier im christlichen Abendland und sollten die Traditionen wahren. Wie wäre es, wenn in der Aula ein gemeinsames Winterfest stattfinden würde. Weg mit den staubigen Ansichten vergangener Zeiten. St. Martin heißt schon Lichterfest und der Weihnachtsmann hat den Heiligen Nikolaus abgelöst. Ich bin offen für alles.

Mir soll's recht sein. Es ist der letzte Schultag, die Luft ist raus und irgendetwas wird mir schon einfallen.

Weihnachtsfeier in der zehnten Klasse, 30 Schüler, Kontingentflüchtlinge jüdischen Glaubens, ich als einziger Christ. Weihnachtsfeier?

Sergej erkennt mein ratloses Gesicht. „Wir kennen die Geschichte von Maria und Josef. Sie ist sehr schön und es ist nicht nötig, sie uns zu erzählen. Kennen Sie Chanukka, das jüdische Fest, das wir gerade begehen. Es dauert neun Tage lang!"

„Ich habe schon davon gehört, kenne es aber nicht so genau. Klärt mich doch auf. Welche Erinnerungen habt ihr daran?" Die Schüler reagieren nicht, schauen Löcher in die Luft, fühlen sich unbehaglich, sehen lustlos aus. Igor ist wütend auf Sergej.

„Chanukka interessiert hier keinen, halt den Mund."

„Meine Erinnerungen sind auch nicht die besten."

Sergej bereut. „Nikolaus komm in unser Haus," die Jungen grinsen spöttisch, bitten mich, das Lied zu singen, schauen mich direkt an.

Ich schnappe das Wort „Erinnerungen"auf, wende mich direkt an Sergej. Ludmilla antwortet „Lassen Sie ihn in Ruhe. Sie merken doch, dass wir bereit sind, uns zu integrieren." Das ist zu viel für Irina. „Was heißt integrieren? Wir sind Juden, sollen wir unseren Glauben integrieren? Der Freiheit wegen sind wir in dieses Land gekommen. Wir haben die Freiheit, als Juden leben zu können, die

Muslime mit ihrem Glauben, die Christen mit ihrem und wer keine Religion hat, eben ohne.

Ich stimme zu, bin aber nicht zufrieden mit der Stimmung in der Klasse. Die meisten Schüler sind aufgewühlt; es scheint, dass die früheren Erlebnisse sie stark berühren und belasten.

„Was ist los mit euch?" Meine Stimme klingt hilflos und bittend zugleich. Lydia steht auf. Langsam bewegt sie sich vorbei an den Tischen. Die Hände vor der Brust verschränkt, macht sie neben mir Halt, atmet tief und spricht mit ihrer warmen und festen Stimme.

„Unter der Herrschaft der Griechen durften die Juden ihre Religion zwei Jahrhunderte lang nicht ausüben. Erst als sie im Jahr 160 v. Chr. Jerusalem zurück eroberten und in dem zurück eroberten Tempel einen Ölkrug fanden, konnten sie wieder ein Licht anzünden. Leider reichte das Öl nur für eine Nacht und das Wunder geschah. Am Ende brannte es acht Tage lang und deshalb feiern wir Chanukka 8 bzw. 9 Tage. An jedem dieser Tage, wird jeweils nach Einbruch der Dunkelheit eine Kerze angezündet..." damit ich nachempfinden kann wie schön das Leuchten des Lichts ist, haben sie mich in eine Mülltonne gezerrt, den Deckel geschlossen und über die Hauptstraße gerollt." Sergej hat es ausgesprochen, ... und meinem Großvater, im Treppenhaus, das Licht ausgeschaltet, so dass der alte Mann unter Gelächter über viele Stufen gestolpert, ist…und meiner Mutter eine brennende Kerze unter den Rock gehalten…und mit dem neunarmigen Leuchter die Fensterscheibe in unserer Wohnung eingeschlagen… und -und -und- .Das ist alles passiert!

Lydia redet weiter und hier bin ich, der Schamasch der die Aufgabe hat, die Kerze, mit der die anderen acht nach dem Segensspruch angezündet werden, als die neunte, in die Halterung des Kerzenleuchters zu stellen.

In Frieden und ohne Angst ist dies hier möglich und nur das ist wichtig.

Hier steht eine christliche Lehrerin an dem Tag kurz vor dem höchsten christlichen Feiertag in einer Klasse mit dreißig jüdischen Schülern. Sie hört zu, ohne irgendeinen Anspruch darauf, dass allein ihre Traditionen gelten.

Erwartungsvoll schauen sie mich an, was soll ich noch sagen?

„Es ist mir eine unglaubliche Freude, dass ich diese Stunde, mit dem Hintergrund meiner Geschichte   mit jüdischen Schülern erleben darf. Zünden wir die Kerzen an, essen wir süß und reden wir süß, Frohe Weihnachten.

NEUJAHR

Dass sich für mich in der wildfremden Stadt Maribor ein Traum erfüllt, ist einfach traumhaft.

Ich sitze, warm eingepackt in eine Wolldecke, auf der Rückbank unseres Autos. Es ist später Abend, fast schon Mitternacht. Die Scheiben der Fenster sind beschlagen von unserem Atem.

Zu viert sind wir auf der Rückfahrt von meiner Stadt in der Türkei nach Deutschland in die Stadt, in der Erkan mein Mann seit einem halben Jahr lebt und arbeitet. In der Fremde wollte er erst ein Zuhause für uns schaffen bevor er mich dorthin holt. Gerade mal einen Monat waren wir verheiratet als er diesen Entschluss gefasst hatte und abgereist war. Mein Bruder studiert in der gleichen Stadt und in diesem Urlaub wollte er, seiner Freundin, seine Heimat zeigen.

Drei Wochen waren wir zusammen in Adana.Es war eine schöne Zeit, Die deutsche Freundin hat ein wenig unsere Sprache gelernt und ich war für Erkan eine gute Ehefrau.

Die Fahrt nach Deutschland ist ein großes Abenteuer für mich. Nie zuvor bin ich aus meiner Heimatstadt weggekommen. Ich kann keine andere Sprache als die meine, ich kenne keine anderen Menschen als die aus meiner Familie. Die Freundin aus Deutschland ist mir sehr sympathisch, sie ist so ganz anders als meine Freundinnen und doch habe ich mich mit ihr verstanden. Sie ist modern und dass sie mit meinem Bruder gemeinsam in einem Raum übernachtet hat, hat unsere Familie nur deshalb akzeptiert, weil sie aus dem Ausland kommt. Andere Länder, andere Sitten.

Dass sie und mein Bruder während der gesamten Zeit glücklich miteinander waren, ist allen aufgefallen und mir gar besonders. Während meiner kurzen Zeit als die Ehefrau Erkans hat sich dieses Glücksgefühl noch nicht eingestellt. Es ist immer noch alles so neu für mich, obwohl Erkan mein Traummann ist.

Geträumt hatte ich immer von einem großen blonden Mann mit grünen Augen. Eine Seltenheit bei uns, wo fast alle mit dunklen Augen und dunklen Haaren herumlaufen.

Mit den Worten >meine Rüya, meine Traumfrau<, hatte er mich nach der langen Trennung vor drei Wochen begrüßt, es waren die schönsten Worte, die er jemals zu mir gesagt hatte.

> mein Traum<, die Bedeutung meines Namens. Als ich geboren wurde hatte sich der Traum meiner Mutter erfüllt, nach fünf Söhnen, endlich das erträumte Mädchen.

Mein Leben war nicht immer traumhaft, aber Träume hatte ich viele. Einer davon war der Traum von Schneeflocken. In meiner Heimat schien ständig die Sonne, war es heiß und staubig.

Eine Regenschauer war schon ein Ereignis. Im Fernseher hatte ich Bilder von schneebedeckten Landschaften gesehen und Filme die mein Herz berührten. Liebesgeschichten mit heiße Küssen eines Paares unter herabfallenden Schneeflocken.

Nun sitze ich hier im Auto und versuche eine freie Stelle in die beschlagenen Scheiben zu wischen um die herabfallenden Schneeflocken genauso betrachten. Sanft und leise fallen sie auf die schneebedeckte Straße. Behutsam legen sie sich auf schneebehangene Bäume und tanzen ein wenig im Schein des

Laternenlichts. Ich möchte aussteigen sie anfassen, doch Erkan schläft neben mir und ich wage es nicht, ihn wegen einiger Schneeflocken zu wecken. Mein Bruder und seine Freundin schlafen auf den vorderen Sitzen, auch sie will ich nicht wecken und schaue sie im Spiegel an.

Dabei begegne ich ihren Augen Sie lächelt mir zu, hebt die Brauen zu eine Frage <Was ist?<

Ich zeige ihr mit meinen Fingern wie der Schnee vom Himmel fällt. Sie versteht, öffnet die Autotür einen kleinen Spalt und will mit mir auf die Straße gehen. So leise wie möglich schiebe ich mich aus der Decke und begebe mich auf die Straße.

Ein Parkplatz in Maribor auf dem wir nach zwei Tagen Autofahrt anhalten und ein wenig schlafen wollten.

Es ist Ende Dezember und sehr kalt. Die Landschaft liegt eingebettet in Schnee, doch es ist das erste Mal, dass ich sehe wie es schneit. Ich versuche die Flocken mit beiden Händen fest zu halten, sie werden zu Wasser und machen mich nass. Mir ist es kalt, ich trage nur eine Strickjacke auf der die Flocken liegen bleiben, es macht mich froh. Die Freundin schaut mich an und lacht. Wie dumm muss ich aussehen bei dieser ersten Begegnung mit Schnee.

Sie hat den Schnee gefangen, formt daraus einen Ball und wirft ihn auf mich. Kalt und nass trifft er auf meine Haare. Die Aufforderung für mich das gleiche zu tun. Es macht großen Spaß, wir spielen wie Kinder.

Meine Hände und mein Gesicht glühen vor Eifer und Freude. Andere junge Leute kommen hinzu, sie beteiligen sich an unserem Spiel und sind dabei sehr lustig. Vielleicht liegt es am Alkohol, einige haben Bier oder Weinflaschen dabei. Ich kenne mich da nicht aus und amüsiere mich.

Die Freundin ist jetzt auf meiner Seite meine Partnerin, dass sie immer wieder im Weg einen Blick auf die Uhr wirft registriere ich zunächst nicht, so gefangen bin ich in dem Spiel und dem Gewirr aus Schneeflocken. Es ist einfach herrlich. Mein Bruder ist wach geworden, er wischt sich die letzte Müdigkeit mit Schnee aus den Augen. > Bald ist es soweit<, ruft er mir zu. <Bald beginnt deine Zukunft im neuen Jahr in einem neuen Land. <

>Yılbaşı< Neujahr! Die Schneeballschlacht geht weiter, ein junger Mann steht mir zur Seite, lacht mich an, berührt mich an der Schulter.

Sein Lächeln gefällt mir, als er eine Schneeflocke von meiner Nase streift.

Der nächste Ball trifft meinen Rücken. Es schmerzt. Hart und fest der nächste an meinem Kopf. Ich höre den Bruder rufen >Dur -stopp!< Ein weiterer Ball trifft meinen Bauch, mir wird schwarz vor Augen, es wird mir übel. Ich muss mich übergeben und kann mich nicht mehr halten. Der Junge an meiner Seite hält erschrockene inne. Mein Blick fällt auf Erkan. Mein Mann hat es gewagt mich zu verletzen. Verschwommen sehe ich seine Umrisse mit erhobener Hand im Schneegestöber.

Wach werde ich in den warmen weißen Kissen eines Bett´s. >Wo bin ich? Wo ist Erkan? Bin ich in Deutschland? Mir ist übel.< Die Fragen in meinen Augen. Es fällt mir schwer die Lippen zu bewegen. Mein Bruder klärt mich auf, wir sind in Maribor, dieser kleinen Grenzstadt an der Grenze zu Österreich, in einem Krankenhaus.

Harte Schneebälle aus der Hand meines Mannes haben mich so verletzt.

Wo ist er ?Es ist Neujahr! Er hockt vor der Tür. Meine Schmerzen sind stark als eine Ärztin das Zimmer betritt. Sie möchte, dass mein Mann dabei ist wenn sie mit uns spricht. Mein Bruder versteht. Erkan betritt verlegen, mit zusammen gefalteten Händen das Zimmer. Er schaut auf den Boden doch ich erkenne in seinem Gesicht nicht nur Schuld ich sehe genau seinen Zorn. Meine Verletzungen durch seinen Wurf der harten Schneebälle werden heilen, meint die Ärztin. Die Übelkeit hat andere Ursachen. Ich bin schwanger und werde ein Baby bekommen. Totenstille, wer wird das Schweigen brechen. > Alles wird gut<, die Worte der Ärztin. Es ist Neujahr.

DER TÄNZER

Nicht unbedingt ist der Januar der beliebteste Monat in der Stadt. Grau, kalt und hässlich morgens um halb neun, noch schwebend zwischen Dunkel und Helligkeit. Weihnachtsdekoration hat ihren Zauber verloren, wird nicht mehr beachtet sieht überflüssig aus.

Als einzige Wärme die rotleuchtenden Augen der Fahrzeuge und die Lichter der Ampeln. Rot-weiß auch die Abgrenzungen der Bauzäune, hingesetzt auf Straßenabschnitte, störend im Berufsverkehr.

Warum dieser frühe Arzttermin? Die Praxis, mitten im Zentrum. Zum Glück schnell einen Parkplatz gefunden, jetzt sind es nur noch einige Schritte an großen Schaufenstern der Einkaufspassage vorbei.

Mich fröstelt, ich schlage den Mantelkragen hoch und betrachte mich in den Fensterscheiben der Buchhandlung. Neben mir ein Mann stützt sich mit ausgebreiteten Händen an die Scheibe, der Kopf ist gebeugt, die Stirn ruht auf dem Glas.

„REISEZIELE DURCH DAS GANZE JAHR"

In Großbuchstaben Hinweise auf die Bücher, die in Hochglanz ansprechend dekoriert in der Auslage liegen.

„Tauchen in Ägypten- Bergsteigen in den Anden- Cluburlaub in der Türkei." Die Landschaften sonnengebadet und die Sehnsuchtsorte himmelblau. Den Kopf schüttelnd, rückt er ein wenig weiter. Hinter der nächsten Scheibe, noch die Weihnachtsausgabe. Tatsächlich, Bücher mit lieblichen Engeln, Nikolause und Tannenbäumen, der Stall mit dem Stern, mit Maria und Josef, den Hirten und den Königen und das Kind in Windeln gewickelt auf dem Schoß der Mutter.

Neben mir, die Gestalt dunkel, ärmlich in gelöcherten Turnschuhen, schmutzig die zerrissenen Jeans. Daunenwatte, die aus Löchern in der Jacke quillt. Eine graue Mütze auf schwarzen Haaren. Ich erkenne Bartansätze im Gesicht und höre eine gemurmelte Melodie.

Jetzt streichen die Hände über die Scheibe, großflächig, rhythmisch, der Oberkörper in leichter Bewegung. Jetzt werden die Füße lebendig, drehen sich hin-und her. Der Auftakt zu einem großen Auftritt. Noch hat er mir den Rücken zugewandt, zeigt nicht sein Gesicht, macht langsam aufmerksam auf seinen Körper. Ich kann es kaum erwarten, bin neugierig, will mehr von ihm sehen. Er tanzt erhöht die Spannung, zuckt mit den Schultern, schwenkt den Kopf. In Erwartung gehe ich einige Schritte zurück, gleich wird er sich drehen, den gesamten Auftritt will ich erleben. Der Tag hellt sich auf, die Dunkelheit verschwindet, den Straßenlärm nehme ich kaum wahr.

Alles um mich herum ist die Kulisse zu der außergewöhnlichen Darbietung des Mannes. Er dreht sich, hat die Arme emporgehoben, genauso wie das Gesicht. Er lächelt wie ein entrückter Engel. Die Augen noch geschlossen, den Mund bereit zu einem Lächeln. Er tanzt, leichtfüßig, fast schwebend, den Kopf geneigt, als lausche er himmlischen Klängen, Fremde Menschen hasten vorüber, müssen pünktlich sein, werfen fragende, spöttische und mitleidige Blicke.

Der Tanz ändert sich, die Arme schlagen zu Boden, die Haltung ist gebückt, erinnert mich an Alexis Sorbas. Er knallt mit den Schuhen auf die Straße, lacht laut und öffnet die Augen. Er ist nicht hier, zugedröhnt mit Drogen zeigen sich seine wunderschönen Augen die so grün sind wie Algen und das Gras unter der Oberfläche des Meeres.

Er hüpft auf einem Bein, dreht sich, umarmt sich, den Kopf zärtlich an seine Schulter geschmiegt.

Gerne wäre ich darin eingeschlossen.

„Wieder so ein verrücktes Drogenopfer, widerlich so etwas auf der Straße, der sollte mal besser arbeiten gehen."

Mein Erlebnis, das wunderbare Bild eines Menschen, der ganz selbstversunken in einer anderen Welt, niemanden nötig hat. Ein Leben, das nicht lange dauern wird, es hat sich schon verabschiedet.

Che Vita- Dieses Leben

Die Jacken sind zugeknöpft, der Schal ist um gebunden und die Mütze als farbiger Tupfen über die Ohren gezogen.

Mit den Händen tief in den Manteltaschen und auf und ab wippenden Füßen in den gefütterten Stiefeln warten sie auf die Ankunft des Vaparetto.Die Blicke auf die Lagune und die ersten Brücken in ihrer Stadt gerichtet.

Venedig im Nebel ist den Wartenden kein Geheimnis. Sie gehören dazu und erinnern sich lächelnd an die Sommertage an denen mit suchenden und erstaunten Blicken, fremde Menschen, ihre Stadt überfallen.

Mit der Sicherheit, des gleichen Gefühls bei den Mitbewohnern, leben sie hier, stolz, fast überheblich. Dem Zauber sind sie verfallen, er hat sie nie verlassen. Die Besonderheit hat sie nicht gleichgültig gemacht. Die Geschichte, die Wahrzeichen und Legenden sind ein Teil ihrer selbst. Sie gehören dazu. Mit Herzblut und Fantasie sind sie bereit den Touristen den Glanz ihrer Stadt vorzuführen wohlwissend, dass diese niemals an die Seele des echten Venezianers rühren können.

Im Winter genießen sie es allein über die Kanäle zu gleiten. Dann trauern sie über die vielen verfallenen Häuser, trinken, dort, wo vor kurzem der Aperol und Wein geflossen sind eine Tasse heiße Schokolade. Über das geschlossene „Caffee Florian", lächeln sie ohne Wehmut. Es findet sich Zeit, mit den Gondolieren, länger als gewöhnlich zu plaudern.

Unter den schneebedeckten Kuppeln des Markusplatzes, auf die Eisschollen im Meer und den Hauch von Schnee auf den Dächern zu schauen, stimmt sie friedlich. Mit zärtlichem Gefühl betrachten und tolerieren sie die wenigen, ebenso diesem Reiz verfallenen, Touristen. Die Hände, um warme Tassen geklammert, mit Liebe im Herzen, reden sie miteinander von dem großen Glück, auch im Winter eine Fahrt mit dem Vaporetto von einem bis zum anderen Ende der Lagune unternehmen zu können. Es gibt Platz für alle. Federico spielt auf der Mandoline. Dann gehen sie ins Haus von Margarita ,der Nonna, die am Ofen sitzt und mit unermüdlichen Händen, die schönsten Pullover und Jacken mit feinsten Mustern strickt. In San Zaccaria hören sie den Chorproben für die Mitternachtsmesse zu und hoffen, dass die mit Wasser gefüllte Krypta unter dem Kirchenschiff vom Hochwasser verschont bleibt. Gegessen wird bei Gigi, der die besten Piselli auf den Tisch bringt. Sie wärmen sich auf bei den Glasbläsern, deren Geschäft, jetzt die Weihnachtskugeln, die Vorfreude auf das Fest versprechen. Da wo die neuen Masken für das große Spektakel, dem Karneval angefertigt werden, geht es lustig zu, da halten sie ein Schwätzchen und trinken ein Gläschen Wein.

Nichts ist schöner, als zusammen mit den Freundinnen ungestört, in dem kleinen Lädchen von Fiorella eng aneinander gelehnt, über den Auslagen, mit einem Caffee in der Hand, die neueste Anfertigung der Murano Kollektion zu bestaunen.

Einzig die Sorge über den Anstieg des Hochwassers, macht sich auf den Wasserwegen breit. Hoffnungsvoll gehen die Blicke zu den Briccole, der genialen Erfindung der geliebten Eichenpfähle im Wasser, die die Schiffe leiten, und die Ebbe anzeigen.

Außerordentlich ist die Bewunderung für die Schiffswürmer, die mit dem anknabbern des Holzes wunderschöne Muster auf den Briccole erzeugen, eine Besonderheit, die nur hier zu finden ist.

Bei der Fahrt auf den im Nebel liegenden Kanälen; Häuser, Brücken, Kuppeln und Türme der Kirchen allmählich verschwommen und verschwinden zu sehen, mit der Gewissheit, dass das Wasser, so wie das Leben, in Bewegung bleibt, ist ihre Philosophie.

Che Vita- dieses Leben!